中学 古文ま

この「古文まとめノート」は、中学校では体系的に学ばない入試レベルまでの古文の知識をまとめ、日常学習から高校入試まで対応できる力をつけるように編集してあります。

●書いて覚えるまとめノート

▽記入らんを大きくとって、書き込みやすくしたノート式です。わからないところが出てきても、すぐに解答編を見ないで時間をかけて考え、書き込むようにしてください。特に、第1章は〈チェックポイント〉が参考になります。

▽必要な古文の知識をまとめてありますので、知識の確認だけでなく、書き込むことで古文を読み解く力が身につきます。

●日常学習から高校入試まで

▽中学校の教科書と高校入試をくらべると、取り上げている作品に大きな違いがあります。

教　科　書…同学年の全教科書に共通して収録されている作品は、1年生が「竹取物語」、2年生が「平家物語」、3年生が「おくのほそ道」「万葉集」「古今和歌集」「新古今和歌集」です。他に、「徒然草」と「枕草子」が収録されている教科書があります。

高校入試…出題が多いのは説話(十訓抄《じっきんしょう》・宇治拾遺物語《うじしゅういものがたり》・沙石《しゃせき》集《しゅう》・古今著聞集《ここんちょもんじゅう》・今昔物語集《こんじゃくものがたりしゅう》・発心集《ほっしんしゅう》など)で、それに匹敵するのは「徒然草」と「枕草子」くらいです。

▽以上のことから、本書では、日常学習(定期テスト対策)としては教科書の作品を、高校入試対策としては過去の入試問題を題材とし、両方の対策がとれるように配慮してあります。

●段階的に学習できる構成

▽「第1章　古文の基礎知識」は、教科書や高校入試で取り上げられている範囲内での「文語文法」、口語訳に必要な「重要古語」、和歌を理解するための「和歌の修辞」、代表的な作品をまとめた「文学史」、昔の方位や時刻の表し方・月の異名・旧国名をまとめた「古文資料」などを収め、古文を学習するために必要な基礎知識をまとめてあります。

▽「第2章　古文を読んでみよう」は、教科書の作品を集めました。まず、古文を読み、記入らんを書き終えたら、下段の口語訳を読み、そして古文を繰り返し音読してみてください。古文に親しみ、慣れることが古文上達の秘訣《ひけつ》です。

▽「第3章　実戦模擬テスト」は、過去の入試問題を収録してあるので応用力が試せます。前半に公立高校、後半に私立高校を並べてあります。設問は高校によってかなりのレベルの違いがありますので、志望校が決まったら必ず過去問に目を通して出題傾向を確認し、レベルにあった対策をとってください。どのレベルの高校入試にも、この本は必ず役に立ちます。

●暗記カード式の解答編

▽別冊解答編は、本文4ページ分を1ページに収めた2色刷りの解答にしてあります。4つに切り離せばカードとしても利用できます。消えるフィルターをつけてありますので、上にのせれば赤刷りの文字が消え、何度でもくり返してチェックできます。また、第2・3章は古文の音読カードとしても使えます。

もくじ

第1章 古文の基礎知識 …… 4

第2章 古文を読んでみよう …… 42

1

① 文語文法

古文の仮《か》名《な》遣《づか》い　―歴史的仮名遣い―

◆歴史的仮名遣いとは

現代文に使われている仮名遣いを**「現代仮名遣い」**というのに対し、古文で使われているものを**「歴史的仮名遣い」**という。これは平安時代の発音に基づく表記になっているため、私たちが古文を読むときには、次のような点に注意する必要がある。

高校入試では、❶・❷・❹がよく出題される。

チェックポイント ▼ 歴史的仮名遣い

❶ 語中・語尾の「は・ひ・ふ・へ・ほ」は「ワ・イ・ウ・エ・オ」と読む。

例 あ**は**れ→あ□れ
に**ほひ**→に**オイ**
わら**ふ**→わら**ウ**
いにし**へ**→いにし□

❷ ワ行の「わ・**ゐ**・う・**ゑ**・**を**」は「わ・**イ**・う・**エ**・**オ**」と読む。

例 ま**ゐ**る→ま**イ**る
こ**ゑ**→こ□
をとこ→**オ**とこ

❸ 「**ぢ**・**づ**」は「ジ・ズ」と読む。

例 なん**ぢ**→なん□
わ**づ**か→わ**ズ**か

❹ ア・イ・エ段の仮名の下に「う・ふ」が続くときは、

(1) ア段+う・ふ→オ段+ウ
例 **あふ**み→□み

(2) イ段+う・ふ→イ段+ユウ
例 かな**しう**す→かな**シュウ**す

(3) エ段+う・ふ→イ段+ヨウ
例 **けふ**→□

と読む。

❺ 「くわ・ぐわ」は「カ・ガ」と読む。

例 **くわ**じ→**カ**じ
ぐわいじん→□いじん

❻ 語中の「む」は「ン」とも読む。

例 何せ**む**→何せ**ン**

例題 次の各文の太字を現代仮名遣いに直して□の中に書きなさい。

(1) かるが**ゆゑ**に、二つながらこれを**失ふ**。

(2) 竹を取りつつ、**よろづ**の　ことに**使ひけり**。

(3) 三寸ばかりなる人、いと**うつくしうて**　**ゐたり**。

(4) **やうやう**白くなりゆく**山ぎは**、……。

(5) 物に**おそはるるやうにて**、**あひ戦はむ**心も……。

(6) 今**くわきふ**の事ありて、既に**てうせき**〈朝夕〉に迫れり。

(7) 親のもとへ帰り行くに、道に人の**ゐていふやう**、……。

口語訳

(1) このために、二つとも失ってしまう。

(2) 竹を取っては、いろいろな物を作るのに使っていた。

(3) 三寸ほどの人が、とてもかわいらしい様子で座っていた。

(4) だんだん白みがかってくる山ぎわが、……。

(5) 何かに襲われたようになって、対戦しようという気持ちも……。

(6) 今すぐにやらなければならないことがあって、もはや今朝か今晩かというほど間近に迫っている。

(7) 親のもとに帰って行くと、道に人がいて言うには、……。

2 ①文語文法 古語の省略

◆主語や述語の省略

現代文でも古文でも、文の中で最も基本になるのが「主語―述語」（何が―どうする・何が―どんなだ・何が―何だ）の関係である。

古文では、この**主語や述語が省略される**ことがある。高校入試では、省略されている主語を答えさせる設問がよく出題される。

チェックポイント▼主語や述語の省略

❶ 主語が省略されている場合

例 今は昔、竹取の翁《おきな》といふものありけり。野山にまじりて竹を取りつつ、よろづのことに使ひけり。

↓今は昔、竹取の翁といふものありけり。［　］野山にまじりて竹を取りつつ、よろづのことに使ひけり。

訳 今ではもう昔のことだが、竹取の翁という人がいた。（竹取の翁が）野山に分け入って竹を取っては、いろいろな物を作るのに使っていた。

❷ 述語が省略されている場合

例 夏は夜。月のころはさらなり、やみもなほ、蛍《ほたる》の多く飛びちがひたる。また、ただ一つ二つなど、ほのかにうち光りて行くもをかし。

↓夏は夜［　］。月のころはさらなり。闇もなほ、蛍の多く飛びちがいたる［　］。……て行くもをかし。

訳 夏は夜（が趣深い）。月のころはいうまでもなく、やみ夜もやはり、蛍がたくさん乱れ飛んでいる（のが趣深い）。また、たった一匹か二匹ぐらい、かすかに光って飛んでいくのも趣深い。

◆助詞「が」や「を」の省略

現代文の助詞に「が」や「を」があるように、古文にも「が」（主語を表す）や「を」（動作の対象・経過する場所や時・動作の起点などを表す）という格助詞がある。古文では、この「が」や「を」が省略されていることが多い。口語訳するときは、これらを補って訳す必要がある。

チェックポイント▼助詞「が」や「を」の省略

❸ 助詞「が」や「を」が省略されている場合

例 その山、見るにさらに登るべきやうなし。その山のそばひらをめぐれば、世の中になき花の木ども立てり。金《こがね》・銀《しろかね》・瑠璃《るり》色の水、山より流れいでたり。それには、色々の玉の橋渡せり。その辺りに、照り輝《かがや》く木ども立てり。

↓その山□、見るにさらに登るべきやうなし。その山の……木ども□立てり。金・銀・瑠璃色の水□、山より流れいでたり。それには、色々の玉の橋□渡せり。その辺りに、照り輝く木ども□立てり。

訳 その山を、見ると、まったく登りようがない。その山の崖《がけ》のすそを回ってみると、この世にはないような花の木々が立っている。金や銀や瑠璃色の水が、山から流れ出ている。その流れには、色々の玉でできた橋がかかっている。その近くには、光り輝く木々が立っている。

例題 次の各文の□に省略されている言葉を書きなさい。

(1) ある人□犬の子をいといたはりけるにや、その主人□外より帰りける時、かの犬の子□そのひざにのぼり、胸に手□あげ、口のほとりをなめまわる。

(2) (かぐや姫に)ふと天《あま》の羽衣《はごろも》□うち着せたてまつりつれば、□翁《おきな》をいとほしくかなしとおぼしつることも失《う》せぬ。この衣《きぬ》□着つる人は、物思ひ□なくなりにければ、□車に乗りて、百人ばかり天人□具して昇りぬ。

口語訳

(1) ある人が犬の子をたいそう心をこめて育てていたのであろう、その主人が外から帰って来たとき、その犬の子が主人のひざにのぼり、胸に前足をかけて、口のあたりをなめた。

(2) (かぐや姫に)さっと天の羽衣を着せ申し上げたところ、かぐや姫は翁を気の毒でふびんだとお思いになっていたことも消えてしまった。この衣を着てしまった人は、物思いがなくなってしまったので、かぐや姫は車に乗って、百人くらいの天人を連れて昇ってしまった。

3 ① 文語文法 活用する古語

◆**活用する古語**

中学校で学習する口語文法と同じように、古文の文法（文語文法）にも活用する単語として、**動詞・形容詞・形容動詞・助動詞の四つの品詞**がある。中学校では本格的に文語文法については学習しないので、活用表などを覚える必要はない。ただし、四つの品詞を活用させて答えさせる設問が私立高校を中心に出題されることがあるが、左上の表に示した活用形の下に続く言葉を数語覚えておくとほぼ対応できる。

チェックポイント ▼ 古語の活用形

❶ 口語と文語の活用形と下に続く言葉

〈口語〉	〈続く言葉〉	〈文語〉	〈続く言葉〉
未然形	ナイ・ウ	未然形	ズ・ム
連用形	マス・タ	連用形	テ・ケリ
終止形	。	終止形	。
連体形	トキ・コト	連体形	トキ・コト
□	バ	**已然形《いぜんけい》**	ド・ドモ
命令形	。	命令形	。

注 ・文語では、未然形に「ば」をつけて仮定を表す。
例 雨降ら《未然形》ば行かず。 訳 雨が降ったら行かない。
・連用形には用言（動詞・形容詞・形容動詞）が、連体形には体言（名詞・代名詞）が続くことがある。
・已然形とは、既にそうなっていることを表す形。
例 雨降れ《已然形》ども…。 訳 雨が降ったけれども…。

❷ 古語を活用させてみよう

(1) われ思□ズ。
(2) われ思□テ…。
(3) われ思ふ。
(4) われ思□トキ…。
(5) われ思□ド…。
(6) きみ思□。
(7) 花落□ム。
(8) 花落□ケリ。
(9) 花落つ。
(10) 花落□コト…。
(11) 花落□ドモ…。
(12) 花落□。
(13) 日出《い》□ズ。
(14) 日出□テ…。
(15) 日出づ。
(16) 日出□トキ…。
(17) 日出□ド…。
(18) 日出でよ。
(19) 友と□ズ。
(20) 友と□テ…。
(21) 友とす。
(22) 友と□トキ…。
(23) 友と□ドモ…。
(24) 友とせよ。

チェックポイント▼下にある助動詞で活用形が決まる場合

❸ 主な助動詞の接続

前ページにある〈文語〉の各活用形に〈続く言葉〉の中で「ズ（打消）・ム（推量）・ケリ（過去）」が助動詞であるが、ほかにも「タリ（完了）・ラル（自発・可能・受身・尊敬）」などもよく出てくる。「タリ」は連用形、「ラル」は未然形に接続する。助動詞は活用するため、次のような語形で出てくることもある。

ズ…ヌ・ネ ／ **ム**…メ ／ **ケリ**…ケル・ケレ

タリ…タラ・タル・タレ

ラル…ラレ・ラルル・ラルレ・ラレヨ

例 (1)〔射る〕□られて…。 (2)〔浮く〕□たりけり。

例題 次の文の太字を古文に合うように活用させて□の中に書きなさい。〔甲陽学院高〕

美濃《みの》の国にまづしく〔**いやし**〕a□男ありけり。〔**老ゆ**〕b□たる父を持ちたりけると、（中略）父、朝夕あながちに酒を〔**愛づ**《めで》〕c□ほしがりければ、（中略）ある時、山に入りて薪《たきぎ》を〔**取る**〕d□んとするに、（中略）酒の香の〔**す**〕e□ければ、（中略）うれしく〔**おぼゆ**〕f□て、（中略）家〔**ゆたかなり**〕g□なりて、いよいよ孝養の心ふかかりけり。

口語訳

美濃の国（現在の岐阜県）にまずしくて身分の低い男がいた。年とった父を持っていたが、（中略）この父は、朝夕に異常なほどに酒を好んで飲みたがっていたので、（中略）あるとき、山に入って薪を取ろうとすると、（中略）酒の香りがしてきたので、（中略）うれしく思って、（中略）家は豊かになって、ますます孝行の心が深くなった。

注 aは体言（男）に続くから連体形。cとgは用言（ほしがる・なる）に続くから連用形。bとfはヤ行の「や・い・ゆ・え・よ」で活用する。gの品詞は形容動詞である。

4 ① 文語文法 古語の助詞 ―「の」と「ば」に注意―

古語の助詞の中には、口語と同じはたらきをするものもあれば、**古語特有のはたらきをするもの**もある。

◆助詞は「の」と「ば」に注意

中学校では古語の助詞の知識を体系的に学習しないので、細かいことを知る必要はない。ただし、高校入試では、助詞「の」と「ば」については、**はたらきの違いを見分けさせる**という形で出題されることがあるので、おおよそのはたらきを知っておく必要がある。

チェックポイント▼格助詞「の」の用法

中学校で習う口語文法では、格助詞「の」の用法として次のようなものがある。

❶ 連体修飾語を示す。(……ノ) 例 学校**の**門。

❷ 主語を示す。(……ガ) 例 私**の**(＝ガ)読んだ本。

❸ 体言の代用(準体言)を示す。(……ノモノ・ノコト) 例 言う**の**(＝コト)をためらう。

❹ 同格を示す。(……デ・デアル) 例 キャプテン**の**(＝デアル)田中先輩。

古語の格助詞「の」も、口語文法と同じように、「の」が「ノ」「ガ」「ノモノ・ノコト」「デアル」のどれに置き換えることができるかで、用法を見分けられる。

次の□に、後から用法として適当なものを選んでみよう。

(1) 大和《やまと》**の**もいとめでたし。 □
訳 日本のものもたいへんすばらしい。

(2) 白き鳥**の**はしと足と赤き、……。 □
訳 白い鳥で口ばしと足とが赤い、……。

(3) 雪**の**降りたるは言ふべきにあらず。 □
訳 雪が降っている(景色)は何とも言うことができない(くらいすばらしい)。

(4) 鬼**の**やうなるもの出《い》で来て……。 □
訳 鬼のようなものが出て来て……。

ア 連体修飾語を示す　**イ** 主語を示す
ウ 体言の代用を示す　**エ** 同格を示す

チェックポイント▼接続助詞「ば」の用法

❶ 口語では仮定を表すときは［　　］を用いる。

例 雨が降れ《仮定形》ば中止になる。

ところが、文語では活用形に仮定形がないため、仮定を表すときは、［未然形 ＋ ば］の形をとる。この「ば」が接続助詞にあたる。

例 雨降ら《未然形》ばやめむ。（雨が降ったらやめよう。）

注 「降ら」が未然形であることは、8ページに示してある文語の未然形に続く言葉が「ズ・ム」（降らズ・降らム）であることから判断できる。

❷ 上段の古文が、「雨降れ《已然形》ば……。」となった場合は、「降れ」が已《い》然《ぜん》形《けい》になるため、仮定を表さないで「……ト」「……カラ・ノデ」と訳す確定（すでにそうなっていることを表す）になる。

中学校では古語の接続助詞「ば」の用法を詳しく学習しないので、ここであげたすべての知識を完全に理解する必要はない。ただし、高校入試では、主に私立高校で「ば」の用法に関する設問が出題されることもある。

「ば」の上の活用形が未然形であるかどうかを見分けるためには、「ズ・ム」をつけると判断できる。

例題

一 傍線部①〜④の「の」の中で、意味・用法が他の三つと異なるものを選び、記号で答えなさい。〔鳥取〕

(1) 鼠《ねずみ》の①大勢集まりて…　(2) 一つの②鼠進み出でて…

(3) かの③猫の首へ鈴を…　(4) 大勢の鼠の④中より、

［　　］

二 傍線部①〜⑥の中で、現代語に直すときに「もし……ならば」という意味になるものを一つ選び、記号で答えなさい。〔開成高〕

(1) 見奉《たてまつ》れば①、　(2) 悪人なれば②、　(3) 申しければ③、

(4) のたまへば④、　(5) 思《おぼ》しめし候《さうら》はば⑤、　(6) 見れば⑥、

［　　］

口語訳

一
(1) 鼠が大勢集まって…
(2) 一匹の鼠が進み出て…
(3) あの猫の首へ鈴を…
(4) 大勢の鼠の中から、

二
(1) 拝見いたしますと、
(2) 悪人なので、
(3) 申し上げたので、
(4) おっしゃると、
(5) お思いになりましたならば、
(6) 見ると、

5 ①文語文法 係り結び

◆係り結びとは

現代文でも古文でも、ふつう文末は終止形や命令形で終わることが多い。ところが、古文では、文中に特定の助詞があると文末を連体形や已然形《いぜん》で結ぶ場合がある。このときの文中の助詞を「**係り**」、文末の活用形を「**結び**」という。「**係り結び**」は古文独特のルールである。中学校の教科書でも「係り結び」を扱っているものが数種類あり、高校入試では私立高校を中心に、文語文法の設問の中では比較的多く出題されている。

チェックポイント▼係り結びの法則

係り	結び	はたらき
□ なむ	連体形	前の語を強調する
や か	連体形	疑問や反語を表す
□	已然形	前の語を強調する

例 雨**ぞ**降る。（係り結び）〈連体形〉

注古語の動詞「降る」は、

未然形	連用形	終止形	連体形	已然形	命令形
ら	り	る	る	れ	れ

と活用する。

例 雨**こそ**降れ。（係り結び）〈已然形〉

注「こそ」の結びの已然形は、命令形と語形が同じ場合が多いが、口語訳するとき命令に訳さないよう注意する。

・雨こそ降れ。〈已然形〉　・雨降れ。〈命令形〉

次の「係り結び」を完成させてみよう。なお、助動詞の「けり」は、連体形「ける」、已然形「けれ」と活用し、「たり」は、連体形「たる」、已然形「たれ」と活用する。

❶ 次の文の□に「けり」を活用させて入れてみよう。

(1) 雨ぞ降り□。

(2) 雨なむ降り□。

(3) 雨や降り□。

(4) 雨こそ降り□。

❷ 次の文の□に「たり」を活用させて入れてみよう。

(1) 花ぞ咲き□。

(2) 花なむ咲き□。

(3) 花や咲き□。

(4) 花か咲き□。

(5) 花こそ咲き□。

例題 一 **次の文の傍線部ａｂの関係を文法上何というか。**〔拓殖大第一高〕

。うらやましく<u>や</u>[a]思ひ<u>けむ</u>[b]、……。

[　　　　]の法則

二 **次の文の傍線部のはたらきの説明について、[　]に当てはまる語句を、漢字二字で書きなさい。**〔大分〕

。うち誦《ず》したりし《昔の和歌の一部を口ずさんだ》<u>こそ</u>、折からをかしうおぼえしか《思われた》。

「こそ」は「うち誦したりし」を[　]する言葉である。「こそ」が文中で用いられると、文末がある決まった活用形になる。

[　][　]

三 **次の文の傍線部は係り助詞が用いられているため、「うけられず」が「うけられね」に変わったものである。その係り助詞は何か、文中から抜き出しなさい。**〔鳥取〕

。今様《いまやう》《いまどき》の事どもの珍しきを、言ひ広め、もてなす《もてはやす》こそ、また<u>うけられね</u>《受け入れられない》。

[　　]

四 **次の文の傍線部は「三所流れたり」という表現に、ある意味が加わったものである。その意味として適当なものを後から選び、記号で答えなさい。**〔拓殖大第一高〕

。水はその山に<u>三所ぞ流れたる</u>。

ア 仮定　**イ** 疑問　**ウ** 反語　**エ** 強調

[　　]

五 **次の文の[　]に入る語として適当なものを後から選び、記号で答えなさい。**〔十文字高〕

。「……」といふとなむ、見たり[　]。

ア けら　**イ** けり　**ウ** ける　**エ** けれ

[　　]

口語訳

一 うらやましく思ったのだろうか、……。

注「けむ」は助動詞「けむ」の連体形。

二 昔の和歌の一部を口ずさんだのは、この時節にぴったりで趣深く思われた。

注「こそ」があると文末は已然形になる。文末の「しか」は、助動詞「き」の已然形である。

三 いまどきの事で珍しいことを、言い広め、もてはやすことは、また受け入れられない。

注「ね」は助動詞「ず」の已然形。

四 水はその山に三箇所流れている。

注「たる」は助動詞「たり」の連体形。

五 「……」と言うと、(夢に)見たということだ。

注 **ア**～**エ**は助動詞「けり」の活用形であるが、係り結びに関しては、**ウ**の連体形と**エ**の已然形だけに注意するとよい。ここは「なむ」があるから、連体形の**ウ**となる。

6 ② 重要古語 現代語と形が似ている語

◆現代語と違う意味を持つ古語

私たちが現在使っている日本語に似た形の古語はたくさんあり、意味も現代語とほとんど変わらないものもある。ただし、形が似ていても現代語と違う意味を持つ古語もある。たとえば、現代語で「おどろく」といえば、「びっくりする」の意味でしか使われないが、古語の「おどろく」には、「びっくりする」という意味以外に、「はっと気づく」「目がさめる」という意味もある。

ここでは、**形が現代語に似ていても古語特有の意味を持つ古語**をまとめてある。無理に暗記する必要はないが、下段の訳の□に口語訳を書き込みながら、少しずつ慣れるようにしよう。何度も繰り返しやると効果をあげることができる。

チェックポイント▼重要古語

1 **あさまし**

良い場合も悪い場合も、予想外であったことに驚く様子を表す。

①意外だ。思いがけない。
②情けない。見苦しい。

1 ○犬のふるひわななきて、涙をただ落としに落とすに、いと**あさまし**。（枕草子《まくらのそうし》）

訳 犬がぶるぶるふるえて、涙をぽろぽろ落としたので、たいそう□。

2 **あした**

夜があけて明るくなったころを表す。

①朝。早朝。
②(何かがあった)翌朝。

2 ○野分《のわき》の**あした**こそをかしけれ。（徒然草《つれづれぐさ》）

訳 秋に吹く激しい風が吹いた□が興味深いものだ。

3 **あはれなり**

しみじみと心動かされる様子を表す。

①趣深い。②かわいい。
③ふびんだ。④悲しい。

3 ○折節《をりふし》の移り変はるこそ、ものごとに**あはれなれ**。（徒然草）

訳 季節の移り変わる(様子は)、何事につけても□。

4 あやし

「怪《あや》し」か「賤《あや》し」かによって意味が違う。

〈怪し〉①不思議だ。②疑わしい。

〈賤し〉③身分が低い。④粗末だ。

・〈怪し〉よき人は**あやしき**ことを語らず。（徒然草）

訳 身分が高く教養のある人は［　　］ことを話さない。

・〈賤し〉**あやしき**家に夕顔の白く見えて、蚊遣火《かやりび》ふすぶるもあはれなり。（徒然草）

訳 ［　　］家に夕顔（の花）が白く見えて、（蚊を追い払うための）蚊遣火がくすぶるのも趣深い。

5 あらず

動詞「有り」の未然形＋助動詞「ず」の連語。

①ない。②…ない。

・風の音、虫の音《ね》など、はたいふべきに**あらず**。（枕草子）

訳 風の音や、虫の鳴き声など（がするのも）、また言うまでも［　　］（ほど趣深い）。

6 ありがたし

「有り」＋「難《かた》し」で、有ることが難しい、というのがもとの意味。

①めったにない。めずらしい。

②難しい。困難だ。

・いと**ありがたき**ことなれば、親しき疎《うと》き、よろこびを言ふ。（古今著聞集《ここんちょもんじゅう》）

訳 たいそう［　　］ことなので、親しい（者も）親しくない（者も）、お祝いの言葉を言う。

7 いかが

疑問と反語の意味がある。反語は「いかが…べき」「いかが…む」の形で出てくることが多い。

①〈疑問〉どう。どのように。

②〈反語〉どうして…か、（いや、…ない）。

・〈疑問〉御心地は**いかが**おぼさるる。（竹取物語）

訳 ご気分は［　　］いらっしゃいますか。

・〈反語〉**いかが**他の力を借るべき。（方丈記《ほうじょうき》）

訳 ［　　］他の力を借りよう［　　］、（いや、借りるべきではない）。

8 **いたづらなり**

何の役にも立たない状態を表す。

①むだである。役に立たない。
②ひまだ。することがない。

9 **いとほし**

現代語では②の意に使われるが、古文では①の意を表すことが多い。

①気の毒だ。かわいそうだ。
②かわいい。いじらしい。

10 **いやし**

もともとは①の状態を言うところから、②③の意味が派生した。

①身分が低い。
②みすぼらしい。 ③下品だ。

11 **うつくし**

幼い者や弱い者などに愛着を感じる気持ちがもとの意。

①かわいらしい。いとおしい。
②美しい。立派だ。

8 ◦(水車が)大方《おほかた》めぐらざりければ、とかく直しけれども、つひに回らで、**いたづらに**立てりけり。(徒然草)

訳 (水車が)いっこうに回らなかったので、いろいろと直したが、とうとう回らないで、[　　]立っていた。

9 ◦隣の主《あるじ》の死にたる**いとほしけれ**ば、弔《とぶら》ひに行きたりつるに、……。(宇治拾遺《うじしゅうい》物語)

訳 隣の主人が死んだのが[　　]ので、弔問《ちょうもん》に行ったところ、……。

10 ◦昔男ありけり。身は**いやし**ながら、母なむ宮《みや》なりける。(伊勢《いせ》物語)

訳 昔ある男がいた。(その男の)身分は[　　]けれども、母は皇族の方であった。

11 ◦三寸ばかりなる人、いと**うつくしう**てゐたり。(竹取物語)

訳 三寸ほどの人が、たいそう[　　]座っていた。

◦かの木《こ》の道の工匠《たくみ》の造れる**うつくしき**うつは物も、古代の姿こそをかしと見ゆれ。(徒然草)

訳 あの指物師《さしものし》の作った[　　]道具類も、古風な形のものがおもしろく思われる。

12 **えもいはず**

「え言はず」（言うことができない）を強めた表現。

①何とも言いようがない。

12 ○あるいは角生《つのお》ひたり。頭《かしら》も**えもいはず**恐ろしげなる者どもなり。（宇治拾遺物語）

訳 あるものは角が生えている。頭も［　　］こわそうな者たちである。

13 **おとなし**

名詞「おとな」（一人前の人）が形容詞化したもの。

①いかにも大人らしい。
②思慮分別がある。
③穏やかだ。

13 ○三歳で別れたまひし稚《をさな》き人も、今は**おとなしう**なって、髪結ふほどなり。（平家《へいけ》物語）

訳 三歳でお別れなさった幼い子も、今では［　　］なって、髪を結うほどである。

14 **おどろく**

物音などにはっとするのがもとの意。

古文では①②の用法が多い。

①はっと気づく。
②目がさめる。③びっくりする。

14 ○秋来《き》ぬと目にはさやかに見えねども風の音にぞ**おどろか**れぬる（古今和歌集）

訳 秋が来たと目でははっきり見えないが、風の吹く音に、（もう秋なのだと）［　　］たことだよ。

15 **おぼつかなし**

対象がぼんやりしていてつかみどころがない状態。

①ぼんやりしている。
②心配だ。気がかりだ。
③疑わしい。不審に思う。

15 ○ある人とぶらひ給はんとて、夕月夜《ゆふづくよ》の**おぼつかなき**ほどに忍びてたづねおはしたるに……。（徒然草）

訳 ある人がおたずねなさろうと、夕月の［　　］ときに、人目をしのんでおたずねなさったところ……。

○かしこにわづらひはべる人も、**おぼつかなし**。（源氏《げんじ》物語）

訳 あちらで苦しんでおります人も、［　　］。

16 おぼゆ

動詞「思ふ」に助動詞「ゆ」がついた「思はゆ」から変化した語。

①(自然と)思われる。
②思い出される。　③似る。

16
- この木なからましかばと**おぼえ**しか。（徒然草）
  訳 この木がなかったらよかったのにと［　　］た。
- 尼君《あまぎみ》の見上げたるに、すこし**おぼえ**たるところあれば、……。（源氏物語）
  訳 尼君が見上げている(顔)に、すこし［　　］ているところがあるので、…。

17 おもしろし

現代語の「おもしろおかしい」という意味はない。

①趣深い。美しい。
②心楽しい。愉快だ。

17
- 十日余りなれば、月**おもしろし**。（土佐《とさ》日記）
  訳 十日過ぎであるから、月は［　　］。
- 何より、わが子を見るほど、**おもしろき**はなし。（日本永代蔵《えいたいぐら》）
  訳 何よりも、自分の子どもを見るほど、［　　］ものはない。

18 かなし

現代語の「悲しい」という意味の「悲し」もあるが、「愛《かな》し」にあたる次の意味に注意する。

①かわいい。いとしい。
②趣深い。心にしみる。

18
- わが**かなし**と思ふ娘を仕《つか》うまつらせばや。（源氏物語）
  訳 私が［　　］と思っている娘をお仕えさせたい。
- 陸奥《みちのく》はいづくはあれど塩釜《しほがま》の浦漕《こ》ぐ舟の綱手《つなで》**かなし**も（古今和歌集）
  訳 陸奥では、他の場所はとにかくとして、塩釜の浦を漕ぐ舟にかけて岸伝いに引いていく引き綱が［　　］なあ。

19 けしき

視覚でとらえることができる様子を表す。

①景色。ながめ。
②顔つき。そぶり。様子。

19
- 冬枯れの**けしき**こそ秋にはをさをさ劣るまじけれ。（徒然草）
  訳 冬枯れの［　　］は、秋には決して劣らないだろう。
- 七月十五日の月にいでゐて、せちに物思へる**けしき**なり。（竹取物語）
  訳 七月十五日の月に(かぐや姫は縁側に)出て座り、ひどく物思いにふけっている［　　］である。

20 **こころにくし**
心憎く思うほど相手が優れていることを表す。現代の「腹立たしい」気持ちはない。
①心がひかれる。奥ゆかしい。

21 **さうざうし**
当然あるべきものがなくて、もの足りなくさびしいという感じを言う。
①もの足りない。さびしい。

22 **さすがに**
予想されることと逆の事態になったという気持ちを表す。
①そうはいってもやはり。そうはいうものの。

23 **さらに**
下に否定の表現を伴った②の用法が多い。
①そのうえ。一段と。
②（下に否定の表現を伴って）けっして……ない。少しも……ない。

20
◦うちある調度も、昔覚えて安らかなるこそ、**こころにくし**と見ゆれ。（徒然草）
訳 何気なく置いてある道具類も、古風な感じで落ちついているのは、［　　］と思われる。

21
◦この酒をひとり食《たう》べんが**さうざうしけれ**ば、申しつるなり。（徒然草）
訳 （私は）この酒を一人で飲むのが［　　］ので、（いっしょに飲みたくて、あなたをお呼び）申し上げたのだ。

22
◦さこそ貧しけれど、おちぶれたるふるまひなどはせざりければ、**さすがに**人いやしむべきこともなし。（発心集《ほっしんしゅう》）
訳 （その法師は）それこそ貧乏ではあったが、おちぶれた様子などを示さなかったので、［　　］他人は（その法師を）みくびることをしなかった。

23
◦**さらに**悲しきことは多かるべき。（徒然草）
訳 ［　　］悲しく思うことも多いだろう。
◦この川、飛鳥川《あすかがわ》にあらねば、淵瀬《ふちせ》**さらに**変はら**ざり**〈否定〉けり。（土佐日記）
訳 この川は、飛鳥川ではないから、淵と瀬は［　　］変わらないなあ。

24 **すさまじ**

現代語の「すさまじい」という意味はない。

①興ざめだ。おもしろくない。
②寒々としている。殺風景だ。

25 **つとめて**

「早い」という意味の「夙《つと》」から出た言葉。「あした」（14ページ）と似ている。

①早朝。朝早く。
②（何かがあった）あくる朝。翌朝早く。

26 **としごろ**

「ころ」は、長い時間の経過を表す。現代語の「としごろ」の意味はない。

①長年。数年来。長い歳月。

27 **なかなか**

中途半端で、どっちつかずだ。

①むしろ。かえって。

24

・**すさまじき**もの。昼ほゆる犬、春の網代《あじろ》。（枕草子）

訳 ［　　］もの。昼ほえる犬、春の網代（川に竹や木を組み立てて網のかわりにし、魚をとる仕掛けで、冬の間だけ使うもの。）。

・風吹き雨降りて**すさまじかり**けるに、大路に、諸行無常《しょぎゃうむじゃう》と詠《えい》じて過ぐる者あり。（宇治拾遺物語）

訳 風が吹き、雨が降って［　　］たときに、大通りで、「諸行無常」と唱えて行き過ぎる者がいる。

25

・冬は**つとめて**。雪の降りたるは、言ふべきにもあらず。（枕草子）

訳 冬は［　　］（が趣深い）。雪が降った（早朝）は、言うまでもない。

・**つとめて**になりて、隙《ひま》なく居《を》りつるものども、一人二人すべり出でて去《い》ぬ。（枕草子）

訳 ［　　］になって、たくさんいた人たちも、一人二人と滑り出るように帰って行った。

26

・かばかり**としごろ**になりぬる得意の、疎《うと》くてやむはなし。（枕草子）

訳 これほど［　　］（のつきあい）になってしまった親友が、疎遠《そえん》のままで終わることはない。

27

・心づきなき事あらん折は、**なかなか**そのよしをも言ひてん。（徒然草）

訳 気乗りがしないことがあるようなときは、［　　］その理由を言ってしまうのがよいだろう。

28 **ながむ**　物思いにふけりながら、ぼんやりと見つめる①の意が中心になる。

①ぼんやり見る。物思いにふける。
②望み見る。ながめる。

29 **なほ**　長い時間にわたって、そのままの状態が続いていることを表す。

①依然として。やはり。
②さらに。いっそう。
③やはり何と言っても。

30 **ねんごろなり**　心がこもっていて、おろそかにしない様子。

①心がこもっている。丁寧《ていねい》だ。
②熱心だ。いちずだ。

31 **ののしる**　大きい声で言い騒ぐというのがもとの意。

①大声で騒ぐ。がやがや言う。
②評判が高い。有名だ。

28
◦夕月夜《ゆふづくよ》のをかしきほどに、出《い》だしたてさせ給ひて、やがて**ながめ**おはします。（源氏物語）

訳　夕方の月の趣深いころに、（使者を）出発させなさって、（帝は）そのまま［　　］ていらっしゃる。

29
◦元日、**なほ**同じとまりなり。（土佐日記）

訳　元日も、［　　］同じ港にいる。

◦**なほ**行き行きて、武蔵の国と下つ総《ふさ》の国との中に、いと大きなる河あり。（伊勢物語）

訳　［　　］旅を続けて行くと、武蔵の国と下総《しもうさ》の国との間に、たいそう大きな河がある。

30
◦えもいはず**ねんごろに**看病しけり。（沙石集《しゃせきしゅう》）

訳　何とも言えないほど［　　］た看病をした。

◦狩は**ねんごろに**もせで、酒を飲みつつ、やまと歌にかかれりけり。（伊勢物語）

訳　狩猟は［　　］もしないで、酒を飲みながら、和歌に熱中していた。

31
◦とかくしつつ、**ののしる**うちに、夜ふけぬ。（土佐日記）

訳　あれこれとやっては、［　　］うちに、夜がふけた。

32 ふみ

もともとは「物事を書きしるしたもの」を言い、①や②の意味であったが、のちに③や④も指すようになった。

①手紙。②書物。文書。
③漢詩。漢文。④学問。

・京に、その人の御もとにとて、**ふみ**書きてつく。（伊勢物語）

訳 京に(いらっしゃる)、その方のお所にと思って、［　　］を書いてことづける。

・われは琴をひき、弟子どもは**ふみ**を読む。（宇治拾遺物語）

訳 自分は琴をひき、弟子たちは［　　］を読む。

33 べからず

助動詞「べし」の未然形に打ち消しの助動詞「ず」がついたもの。

①〈禁止〉…してはいけない。
②〈不可能〉…できない。

・人食ふ犬をば養ひ飼ふ**べからず**。（徒然草）

訳 人をかむ犬を養い飼っ［　　］。

・羽なければ、空をも飛ぶ**べからず**。（方丈記）

訳 羽がないので、空を飛ぶことも［　　］。

34 ままに

あることが進むと、他のことが引き起こされる様子を表す。

①…につれて。…にまかせて。
②…するやいなや。…と同時に。

・することのなき**ままに**、清水《きよみづ》に人まねして千度詣《まう》で二度ぞしたりける。（古本《こほん》説話集）

訳 することがなかったの［　　］、清水寺に人のまねをして千度参りを二度もしたのであった。

・ゐる**ままに**すなはちねぶり声なる、いとにくし。（枕草子）

訳 座る［　　］すぐに眠り声を出すのは、しゃくにさわる。

35 むつかし

好ましくないことに接したときの、いらいらした気持ちを表す。

①うっとうしい。気が晴れない。
②めんどうだ。わずらわしい。

・雨の降る時に、ただ**むつかしう**、……。（枕草子）

訳 雨が降る時には、ただもう［　　］て、……。

・久しくゐたる、いと**むつかし**。（徒然草）

訳 長居しているのは、まことに［　　］。

36 **めでたし**　古文では、現代語の「めでたい」の意ではほとんど出ない。

①すばらしい。りっぱだ。
②美しい。うるわしい。

37 **やがて**　古文では、現代語の「まもなく・そのうち」の意はほとんど出ない。

①そのまま。ひきつづいて。
②すぐに。ただちに。いきなり。

38 **ゆかし**　対象に向かって心が強くひかれるというのがもとの意。

①見たい。聞きたい。知りたい。
②心が引かれる。なつかしい。

39 **をかし**　14ページの「あはれなり」がしんみりした気持ちを含むのに対し、明るくさっぱりとした気持ちを表す。

①趣深い。風情がある。
②美しい。かわいい。
③こっけいだ。おもしろい。

36

・藤の花は、しなひ長く、色濃く咲きたる、いと**めでたし**。（枕草子）

訳 藤の花は、花房が長く、濃い色で咲いているのが、たいそう［　　］。

・こぼれかかりたる髪、つやつやと**めでたう**見ゆ。（源氏物語）

訳 （額に）ふりかかっている髪が、つやつやかに［　　］見える。

37

・薬も食はず、**やがて**起きも上がらで病み伏せり。（竹取物語）

訳 薬も飲まず、［　　］起き上がりもしないで、病の床に伏している。

・口にまかせて言ひちらすは、**やがて**浮きたることと聞こゆ。（徒然草）

訳 口から出まかせにしゃべり散らすのは、［　　］根拠のない話だとわかる。

38

・ねびゆかむさま、**ゆかしき**人かなと、目とまり給ふ。（源氏物語）

訳 大人になっていく様子を、［　　］ような人だなあと、（光源氏は）目をとめなさる。

39

・雪のいと高うはあらで、うすらかに降りたるなどは、いとこそ**をかしけれ**。（枕草子）

訳 雪がたいして高くはなくて、うっすらと降っている様子などは、たいそう［　　］。

・けづることを、うるさがり給へど、**をかし**の御ぐしや。（源氏物語）

訳 くしけずることを、面倒くさがりなさるけれど、［　　］御髪《おぐし》ですね。

7 ② 重要古語 古語特有の語

◆現代語にはない古語

⑥では、現代語と語形はあまり変わらないが、意味の違う語をまとめた。それに対してここでは、**言葉そのものが現代語にはない古語**をまとめてある。ここで扱っていないが、古文独得の言い方をする月の呼び方（一月を睦月《むつき》と言うなど）・方位と時刻（北を子《ね》と言い、午前11時から午後1時までを午《うま》と言うなど）・現在の都府県名と旧国名の比較（奈良《なら》を大和《やまと》と言うなど）は38ページからの⑤古文資料でまとめてある。

チェックポイント▼重要古語

1 **いかで**

はじめは願望を表すことが多かったが、やがて疑問や反語を表した。

①〈願望〉どうかして。
②〈疑問〉どうして。
③〈反語〉どうして…か、（いや、…ない）。

1
・〈願望〉**いかで**この男にものいはむと思ひけり。（伊勢物語）
訳 ［　　］この男と結ばれたいと思った。
・〈疑問〉この世に**いかで**かかることありけむと、めでたくおぼゆることは、文《ふみ》にこそ侍《はべ》るなれ。（無名草子《むみょうぞうし》）
訳 この世に［　　］こんなことがあったのだろうかと、すばらしく思われるのは手紙でありますの。
・〈反語〉**いかで**月を見ではあらむ。（竹取物語）
訳 ［　　］月を見ないではおられよう［　　］、（いや、おられない）。

2 **いと**

程度のはなはだしいことを表す。②は下に否定の語がある場合の訳し方である。

①たいそう。まったく。本当に。
②たいして（……ない）。

2
・雪の**いと**高うはあら**で**〈否定〉、うすらかに降りたるなどは、**いと**こそをかしけれ。（枕草子）
訳 雪が［　　］高くはなくて、うっすらと降っている様子などは、［　　］趣深い。

3 **いふかひなし**

言葉で表しようがないという気持ちを表している。

①言ってもしかたがない。どうしようもない。

②とるにたりない。つまらない。

4 **いみじ**

良い場合も悪い場合も、程度がはなはだしいことを表す。

①はなはだしい。並々でない。

②すばらしい。立派だ。

③たいへんだ。ひどい。

5 **いらふ**

「いらふ」は「こたふ」と違い、相手を適当にあしらったりする場合にも使う。

①返事をする。答える。

6 **うす**

ものがなくなったり、人が死んだりしたときの状態を表す。

①なくなる。消える。

②死ぬ。

3

○聞きしよりもまして、**いふかひなく**ぞこぼれ破れたる。（土佐日記）

訳 (留守にしていた家は)うわさに聞いていた以上に、［　　］壊れ傷んでいる。

○**いふかひなき**者のいへるには、いと似つかはし。（土佐日記）

訳 ［　　］子供の言った(歌と)しては、たいそうふさわしい。

4

○人間《ひとま》にも月を見ては**いみじく**泣き給ふ。（竹取物語）

訳 人の見ていないすきに月を見ては［　　］泣いていらっしゃる。

○福原大相国禅門《ふくはらたいしょうこくぜんもん》は**いみじかり**ける人なり。（十訓抄《じっきんしょう》）

訳 福原の太政大臣平清盛入道は、［　　］人である。

○昔、袴垂《はかまだれ》とて**いみじき**盗人の大将軍ありけり。（宇治拾遺物語）

訳 昔、袴垂といって［　　］盗人の親分がいた。

5

○おくの方より「何事ぞ。」と**いらふる**声すなり。（宇治拾遺物語）

訳 奥の方から「何々です。」と［　　］声がするようである。

6

○翁《おきな》をいとほし、かなしと思《おぼ》しつることも**うせ**ぬ。（竹取物語）

訳 翁を気の毒だ、いとしいとお思いだったことも［　　］た。

○前少将は朝《あした》に**うせ**、後少将は、夕べにかくれ給ひしぞかし。（大鏡《おおかがみ》）

訳 前少将は朝に［　　］、後少将は、夕方にお亡くなりになったのですよ。

7 **うたてし**

情けなく見苦しい様子を表す。

①いやだ。おもしろくない。
②気の毒だ。残念だ。

8 **え**……打ち消し

下に打ち消しの語を伴って、全体で不可能の意を表す。

①…できない。

9 **つきづきし**

その場の状況や様子に調和していることを表す。

①似つかわしい。ふさわしい。

10 **つゆ**

下に打ち消しの語を伴った②の訳し方に注意。

①わずかに。ほんの少し。
②少しも（……ない）。まったく（……ない）。

7

。言《こと》しもこそあれ、**うたて**の心ばへや。（源氏物語）

訳 言葉が（いろいろ）あるのに、（こんなことを書くのは）［　　］性格だ。

。憂《う》かりし島の島守になりにけるこそ**うたてけれ**。（平家物語）

訳 つらい（思いをした）島の番人になってしまったのは［　　］。

8

。子は京に宮仕へしければ、まうづとしけれど、しばしば**え**まうで**ず**。（伊勢物語）

訳 子は京で宮廷勤めをしていたので、（母のもとへ）うかがおうとしたけれど、たびたびはうかがうことが［　　］。

9

。いと寒きに、火などいそぎおこして、炭もてわたるもいと**つきづきし**。（枕草子）

訳 とても寒い（朝）に、火などを急いでおこして、炭を持って通るのもとても［　　］。

10

。**つゆ**も、もの空にかけらば、ふと射殺し給へ。（竹取物語）

訳 ［　　］でも、何か空を走り飛んだら、すぐに射殺しなさい。

。木《こ》の葉にうづもるるかけ樋《ひ》のしづくならでは、**つゆ**おとなふもの**なし**。（徒然草）

訳 （落ちた）木の葉にうずもれている樋《とい》のしずくのほかには、［　　］音を立てるものはない。

11 **な……そ**
「な……そ」の形が多いが、「な」だけでも同じように訳す。
①……してくれるな。……しないでくれ。

12 **ほい**
もともとの希望や目的を表す。
①本来の希望。本来の目的。

13 **やうやう**
「やうやく」が変化した形。①が重要。
①だんだんと。少しずつ。
②やっと。かろうじて。

14 **やむごとなし**
そのまま放置できないほど尊く、大切な様子を表す。
①高貴だ。尊い。身分が高い。
②格別だ。並々でない。

12
○東風《こち》吹かば匂ひおこせよ梅の花主《あるじ》なしとて春**な**忘れ**そ**　（大鏡）
訳 （春になって）東の風が吹いたならば香りをとどけてくれ、梅の花よ。主人がいないからといって春を忘れ［　　］。

13
○神へ参《まゐ》るこそ**ほい**なれと思ひて、山までは見ず。　（徒然草）
訳 神（石清水八幡宮《いわしみずはちまんぐう》）へ参拝するのが［　　］なのだと思って、山（の上の本宮）までは見なかった。

14
○春はあけぼの。**やうやう**白くなりゆく山ぎは、すこしあかりて…。　（枕草子）
訳 春は夜明けがた（が趣深い）。［　　］白くなっていく山ぎわが、少し明るくなって…。

15
○いと**やむごとなき**際《きは》にはあらぬが、優れて時めき給ふありけり。　（源氏物語）
訳 それほど［　　］家柄ではない方で、目立って（天皇の）特別な愛を受けていらっしゃる方があった。
○誠に**やむごとなき**誉《ほまれ》ありて、人の口にある歌多し。　（徒然草）
訳 本当に［　　］名声があって、多くの人に読まれている歌が多い。

8 ③和歌の修辞 掛《かけ》詞《ことば》

◆**和歌とは**

漢詩に対して、**奈良時代から日本で作られた定型の歌を和歌**と言う。和歌の種類には、

長歌《ちょうか》(五・七・五・七……五・七・七)
短歌(五・七・五・七・七)
旋頭歌《せどうか》(五・七・七・五・七・七)
片歌《かたうた》(五・七・七)

などがある。短歌を除く長歌、旋頭歌、片歌などは平安時代以降は作られなくなり、**和歌といえば31音を定型とする短歌**のことを指すようになった。

ここでは、中学校の教科書で扱われている和歌(=短歌)の修辞について、28〜33ページでまとめてある。なお、高校入試では掛詞の出題が多い。

チェックポイント▼掛詞

❶ 同音異義(発音が同じで、意味が異なる)を利用して、一語に二つの意味を持たせる。
例 まつ—松／□

❷ 掛詞の抜き出しは、ふつう異なる二つの漢字で表すことが多い。

❸ 口語訳するときは、両方の意味を生かして訳す。

●**主な掛詞**

- 飽《あ》き／□
- 射《い》る／入《い》る
- 浮《う》き／憂《う》き
- 置《お》く／□
- 菊《きく》／□
- 長雨《ながめ》／□
- 張《は》る／□
- 火《ひ》・日《ひ》／思ひ、
- 文《ふみ》／踏《ふ》み
- 経《ふ》る／□

例題 次の和歌から掛詞を抜き出し、二つの意味を答えなさい。〔島根〕

むかしより阿弥陀仏《あみだほとけ》の誓ひにて煮ゆる物をばすくふとぞ知る

掛詞は□で□と□の二つの意味がある。

口語訳

むかしから、阿弥陀様は(苦しんでいる人々を救おうという)誓いによって、(地獄の釜で)煮られている者を救っている。(そのように私もしゃもじで)煮物をすくっている。

9 ③和歌の修辞 枕《まくら》詞《ことば》

チェックポイント▼枕詞

❶ある特定の語を導き出すための言葉である。
❷音数は、主として五音（五字ではない）からなる。
❸枕詞とそれを受ける語句とは、ほぼ固定している。
❹ふつう、和歌の初句か三句に使われることが多い。
❺口語訳するときは、訳さなくてよい。

例 **ぬばたまの**〈枕詞〉夜のふけ行けば久木《ひさき》生《お》ふる清き河原に千鳥しば鳴く（万葉集）

訳 夜がふけて行くと、久木の生えている清らかで美しい河原に千鳥がしきりに鳴く。

●主な枕詞

〈枕詞〉	〈受ける語句〉
あかねさす	日・光・紫・昼・照る
□	山・峰《を》・木《こ》の間・尾の上《へ》
あらたまの	年・月・日・春
あをによし	奈良
いはばしる	垂水《たるみ》・滝
うつせみの	命・人・世・身
からころも	着る・袖《そで》・裾《すそ》
くさまくら	旅
しろたへの	衣《ころも》・袖・袂《たもと》・雪・雲・波
たらちねの	母・親
ぬばたまの	夜・黒・闇《やみ》・月
□	光・天《あめ》・月・空・雲・日・雨
むらさきの	匂ふ
ももしきの	大宮《おほみや》・内

例題

次の各和歌の枕詞に═線を、それを受ける語句に〰線を記入しなさい。

(1) あしひきの山のしづくに妹《いも》待つと我《あれ》立ち濡《ぬ》れぬ山のしづく（万葉集）

(2) 春過ぎて夏来たるらし白たへの衣干したり天《あめ》の香具山《かぐやま》（万葉集）

(3) ひさかたのひかりのどけき春の日にしづ心なく花の散るらむ（古今和歌集）

口語訳

(1) この山の（木から落ちる）しずくに、あなたを待つというので私は（木の下にいて）ぬれてしまった。この山のしずくに。

(2) 春が過ぎて夏が来たらしい。まっ白な衣が干してある。あの天の香具山に。

(3) 日の光ののどかな春の日に、どうしてこのように落ち着いた心もなく花が散っているのだろう。

10

③ 和歌の修辞

序《じょ》詞《ことば》

チェックポイント▼序詞

❶ ある語句を導き出すための言葉であるが、枕詞のように受ける語句は固定していない。
❷ 音数は七音（七字ではない）以上のものが多い。
❸ ふつうは、二句・三句にわたって使われている。
❹ 口語訳するときは、訳すようにする。
❺ 序詞は固定していないが、序詞を導き出す方法としては次の三つに大別される。（参考までに示しておくが、暗記する必要はない。）

(1) 比喩のようにして語句を導き出す序詞

例 〈序詞〉見れど飽かぬ吉野の河の常滑《とこなめ》の絶ゆることなくまた還《かへ》り見む （万葉集）

訳 いくら見ても見飽きない吉野の川の常滑が絶えることのないように、いつまでも絶えずに（この吉野の都を）何度でもやって来ては眺めよう。

〈解説〉常滑（絶えず水にぬれている川の岩などに水ごけがついていて、滑りやすくなっている所）が絶えずぬれている様子を比喩にして、「絶ゆることなく」を導き出している。

(2) 音《おん》の連想で語句を導き出す序詞

例 〈序詞〉巨勢山《こせやま》のつらつらつばきつらつらに見つつしのはな巨勢の春野《はるの》を （万葉集）

訳 巨勢山のたくさん並んで生い茂っているつばきの木のように、つくづくと見ながらしのびたい、巨勢の春野を。

〈解説〉「つらつらつばき」（たくさんつばきが並んでいる様子）が音《おん》の連想で、「つらつら」を導き出している。

(3) 掛詞で語句を導き出す序詞

例 〈序詞〉風吹けば沖つ白波たつ田山夜半《よは》にや君がひとり越ゆらむ （古今和歌集）

訳 風が吹くので沖の白波が立つ、そのたつという名のついた竜田山を、この夜中にあの人は一人で越えているのだろうか。

〈解説〉掛詞「たつ」（「波がたつ」と「竜田山」）は、沖の白波が立つという意で序詞とつながり、地名の「竜田山」を掛詞で導き出している。

11 体言止め

③ 和歌の修辞

チェックポイント ▼ 体言止め

❶ 和歌の最後を体言（名詞・代名詞）で終わらせること。

❷ ふつう文末は用言（動詞・形容詞・形容動詞）や助詞・助動詞で終わるが、文末を体言で止めることで、表現されていない情景を読む人に想像させ、強い感動を与える効果がある。この効果をねらって文末を名詞や代名詞で終わらせることを［　　］という。

例 霞《かすみ》立つ末《すゑ》の松山ほのぼのと波に離るる横雲の空〈体言止め〉（新古今和歌集）

訳 かすみの立ちこめている末の松山がほんのりと（見え）、（一方海を見ると）波から離れて横にたなびいて行く雲（が見える）空よ。

〈解説〉 空がどのような様子であるかは読む人が様々に思い浮かべることができ、その美しさに感動するのである。

12 句切れ

③ 和歌の修辞

チェックポイント ▼ 句切れ

❶ 和歌は、ふつう五・七・五・七・七の五句を基本に一首ができている。

❷ 一首の途中の意味の切れ目を［　　］という。

❸ 句切れは、どこにあるかによって、「初句切れ・二句切れ・三句切れ・四句切れ」といい、五句目まで意味の切れ目がないものを「句切れなし」という。

❹ 初句切れ・三句切れ…七五調／二句切れ・四句切れ…五七調 のリズムになる。

❺ 音読すると 五七調…力強い／七五調…優しい 感じがする。

❻ 一首で二箇所以上の句切れがある場合もある。

例 春過ぎて夏来たるらし／白たへの衣干したり／天《あめ》の香具山《かぐやま》（万葉集）

訳 春が過ぎて夏が来たらしい。まっ白な衣が干してある。あの天の香具山に。

〈解説〉 この場合は、「二句・四句切れ」と言う。

例題 一 次の和歌から掛詞を抜き出し、何と何を掛けているか答えなさい。(2)は掛詞が二つある。)

(1) 秋の野に人まつ虫の声すなり我かと行きていざとぶらはむ
（古今和歌集）

掛詞 [　] で [　] と [　] を掛ける。

(2) 花の色は移りにけりないたづらにわが身世にふるながめせしまに
（古今和歌集）

掛詞① [　　] で [　　] と [　　] を掛ける。
掛詞② [　　] で [　　] と [　　] を掛ける。

二 次の和歌から枕詞を抜き出し、受ける語句も答えなさい。

(1) 家にあれば笥《け》に盛る飯《いひ》をくさまくら旅にしあれば椎《しひ》の葉に盛る
（万葉集）

枕詞 [　] 受ける語句 [　]

(2) あしひきの山川《やまがは》の瀬の鳴るなへに弓月《ゆつき》が岳《たけ》に雲立ち渡る
（万葉集）

枕詞 [　] 受ける語句 [　]

口語訳

一 (1) 秋の野に人を待つという松虫の声が聞こえる。私を待っているのかと思ってさあたずねて行こう。

(2) 花の美しさはすっかり色あせてしまったなあ。むなしく長雨が降り続いていた間に、また私が世を過ごしていくことで物思いを重ねているうちに。

二 (1) 家にいるときはいつも器に盛る飯を、旅の途中であるので椎の葉に盛ることだ。

(2) 山の中を流れる川の瀬音が高く鳴り響くにつれて、弓月が岳に雲が一面にわき上がってくる。

三 次の和歌から序詞を抜き出し、受ける語句も答えなさい。

多摩川《たまがは》にさらす手作りさらさらに何ぞこの児《こ》のここだ愛《かな》しき（万葉集）

序詞

受ける語句

四 次の和歌から体言止めを抜き出し記号で答え、さらに各和歌の句切れのところに／印を記入しなさい。

(1) 思ひつつ 寝《ぬ》ればや人の 見えつらむ 夢と知りせば 覚めざらましを（古今和歌集）

(2) 人はいさ 心も知らず ふるさとは 花ぞ昔の 香に匂《にほ》ひける（古今和歌集）

(3) 見わたせば 花ももみぢも なかりけり 浦のとま屋の 秋の夕暮《ゆふぐれ》（新古今和歌集）

(4) またや見む 交野《かたの》のみ野の 桜がり 花の雪散る 春のあけぼの（新古今和歌集）

体言止めの和歌

口語訳

三 多摩川にさらす手織りの布のように、さらにいっそうどうしてこの娘がこんなにもいとおしいのだろう。

四 (1) （恋しい方のことを）思いながら寝るので、その方が夢に見えたのであろうか。もし夢と知っていたら覚めずにいたかったのになあ。

(2) 人は、さあ、心もわからない。（だが、）昔なじみのこの土地は、花だけは昔ながらの香りで咲き匂っているなあ。

(3) 遠くから見渡すと、花（の美しさ）も紅葉（の美しさ）もないことだなあ。海辺の粗末な漁師の小屋の（あたりの）秋の夕暮れ（のさびしい眺め）よ。

(4) もう一度見ることがあるだろうか。交野の野での桜見物で、花が雪のように散る春のあけぼの（のこの美しさを）。

13 ④文学史 上代・中古の作品

◆日本の古典

「古典」とは、上代（奈良時代）から近世（江戸時代）までに書かれた作品を言う。この中でも、**長い時代にわたり、多くの人々に読まれ、強い影響を与えながら現代まで読み続けられてきたものだけを「古典」**と言う。中学校では、数多い「古典」の中から、ごくわずかな作品しか学習しないが、代表的な「古典」を知っておけば、私立高校を中心とした高校入試での文学史対策に役立ち、さらに、高校での本格的な古典学習の準備にもなる。ここでは、上代と中古（平安時代）を、36・37ページでは中世（鎌倉・室町時代）と近世の代表的な作品をまとめてある。

チェックポイント▼上代・中古の代表的な作品

上代（奈良時代）

● **古事記《こじき》**
- 歴史書／太安万侶《おおのやすまろ》
- 古代からの神話や伝説などをまとめた日本最古の歴史書。

● **日本書紀《にほんしょき》**
- 歴史書／舎人親王《とねりしんのう》ほか
- 日本最古の天皇の命令による正式な歴史書。

● ［　　　］
- 歌集／大伴家持《おおとものやかもち》ほか
- 現存する日本最古の歌集。約四五〇〇首が収められている。

〈代表歌人〉 額田王《ぬかたのおおきみ》・柿本人麻呂《かきのもとのひとまろ》・山上憶良《やまのうえのおくら》・山《やま》部赤人《べのあかひと》・大伴家持など。

中古（平安時代）

● ［　　　］
- 物語／作者不明
- 現存する最古の物語。竹の中から見つけられたかぐや姫が、月の世界に帰るまでに起きる、不思議なことなどを描いている。

● ［　　　］
- 歌集／紀貫之《きのつらゆき》ほか
- 最初の勅撰和歌集《ちょくせんわかしゅう》（天皇の命令によって編さんされた和歌集）。約一一〇〇首が収められている。紀貫之が仮名序（仮名で書かれた序文）を書いている。

〈代表歌人〉 紀友則《きのとものり》・紀貫之・凡河内躬恒《おおしこうちのみつね》・壬生忠岑《みぶのただみね》（以上の四人が撰者）・在原業平《ありわらのなりひら》・小野小町《おののこまち》など。

伊《い》勢《せ》物《もの》語《がたり》　・物語／作者不明

・「古今和歌集」の代表的な歌人の在原業平を思わせる男を主人公にし、業平の歌にまつわる短編の物語を集めている。

土《と》佐《さ》日《にっ》記《き》　・日記／紀貫之

・仮名書き日記の最初のもの。作者が土佐守《とさのかみ》の任務を終えて京に帰るまでを、女性に託して仮名で書いている。

　　　　・随筆／清少納言《せいしょうなごん》

・宮仕えの生活、自然の様子や人生に対する感想などが述べられている。「源氏物語」と並んで平安女流文学の代表作品である。

　　　　・物語／紫式部《むらさきしきぶ》

・光源氏《ひかるげんじ》とその子薫《かおる》を主人公にした五四巻にわたる長編物語。

更《さら》級《しな》日《にっ》記《き》　・日記／菅原孝標女《すがわらのたかすえのむすめ》

・作者の父の任国上総《かずさ》を出発した13歳から、夫と死別した58歳までの回想記。

今《こん》昔《じゃく》物《もの》語《がたり》集《しゅう》　・説話／作者不明

・日本・中国・インドの説話を集大成。ほとんどが、「今は昔…」で始まっている。

古《こ》本《ほん》説《せつ》話《わ》集《しゅう》　・説話／作者不明

・「今昔物語集」や中世の「宇治拾《うじしゅう》遺《い》物語」と共通する説話が多い。

例題

一 次のうち「竹取物語」に最も近い年代に成立した作品を選び、記号で答えなさい。〔江戸川学園取手高〕

ア 源氏物語　イ 平家物語
ウ 伊勢物語　エ 徒然草

二 「古今和歌集」の「仮名序」の作者を次から選び、記号で答えなさい。〔早大本庄高等学院〕

ア 在原業平　イ 大伴家持
ウ 紀貫之　エ 菅原道真
オ 柿本人麻呂

三 「土佐日記」のⅠ作者と、Ⅱその人物が編集に関わった三大和歌集をそれぞれ次から選び、記号で答えなさい。〔拓殖大第一高〕

Ⅰ［作者］　ア 松尾芭蕉　イ 山上憶良
ウ 源実朝　エ 紀貫之

Ⅱ［和歌集］　ア 万葉集　イ 古今和歌集
ウ 金槐和歌集　エ 山家集

四 「源氏物語」の作者を漢字で答えなさい。〔洛南高〕

五 平安時代の菅原孝標女の作品名を正しく答えなさい。〔江戸川学園取手高〕

六 「古本説話集」と同じジャンルの作品を次から選び、記号で答えなさい。〔高田高〕

ア 源氏物語　イ 土佐日記
ウ 宇治拾遺物語　エ 平家物語
オ 枕草子

14　④文学史

中世・近世の作品

チェックポイント ▼ 中世・近世の代表的な作品

中世（鎌倉・室町時代）

● □
・歌集／藤原定家《ふじわらのさだいえ》（「ていか」とも）ほか
・八番目の勅撰和歌集。「万葉集」「古今和歌集」とあわせて三大和歌集という。
〈代表歌人〉 後鳥羽上皇《ごとばじょうこう》・式子内親王《しょくしないしんのう》・藤原定家・藤原家隆《ふじわらのいえたか》・西行《さいぎょう》・慈円《じえん》・藤原俊成《ふじわらのとしなり》（「しゅんぜい」とも）

● **方丈記《ほうじょうき》**
・随筆／鴨長明《かものちょうめい》
・平安末期の動乱の世の中の不安や人生の無常を述べている。

● **発心集《ほっしんしゅう》**
・説話／鴨長明
・「方丈記」の作者による仏教を中心とした説話。

● **宇治拾遺物語《うじしゅういものがたり》**
・説話／作者不明
・民衆の生活や心情を描いている。「今昔物語集」と重複する説話が多い。

● □
・軍記物語／作者不明
・平家一門の栄華から滅亡までを描いている。もとは琵琶法師が語ったもの。

● **源平盛衰記《げんぺいじょうすいき》**
・軍記物語／作者不明
・源氏と平家の興亡盛衰を描いている。

● **古今著聞集《ここんちょもんじゅう》**
・説話／橘《たちばなの》 成季《なりすえ》
・説話を題材別・年代順に並べてある。

● □
・随筆／兼好法師《けんこうほうし》
・見聞や感想の形で自然や人生を描いている。「枕草子」「方丈記」とあわせて三大随筆という。

近世（江戸時代）

● **日本永代蔵《にっぽんえいたいぐら》**
・浮世草子／井原西鶴《いはらさいかく》
・町人たちが富を得るために考えついた工夫や手段を中心に描いている。

● **世間胸算用《せけんむねさんよう》**
・浮世草子／井原西鶴
・大晦日《おおみそか》の借金返済を逃がれようとする町人たちの姿を描いている。

● □
・紀行文／松尾芭蕉《まつおばしょう》
・江戸から大垣《おおがき》までの旅先での体験などを、俳句を交えながら描いている。

●**仮名手本忠臣蔵**《かなでほんちゅうしんぐら》
・浄瑠璃《じょうるり》／竹田出雲《たけだいずも》ほか
・赤穂浪士《あこうろうし》のあだ討ちを題材としている。のちに歌舞伎《かぶき》にもなった。

●**雨月物語**《うげつものがたり》
・読本《よみほん》／上田秋成《うえだあきなり》
・日本や中国の古典から題材をとった怪異小説9編から成る。

●**玉勝間**《たまかつま》
・随筆／本居宣長《もとおりのりなが》
・古典の研究をもとに、文学観・学問観・生活観などを記している。

●**古事記伝**《こじきでん》
・古事記注釈書／本居宣長
・「古事記」を詳細に考証していて、現在も高く評価されている。

●**花月草紙**《かげつそうし》
・随筆／松平定信《まつだいらさだのぶ》
・政治・経済・学問・自然現象・日常生活などについて述べている。

●**南総里見八犬伝**《なんそうさとみはっけんでん》
・読本／滝沢馬琴《たきざわばきん》
・犬に縁のある八人が力を合わせて里見家を再興する話。

●**おらが春**《はる》
・俳文集／小林一茶《こばやしいっさ》
・57歳当時の正月から暮れまでの周囲の事実や感想を、俳句をまじえて日記風に記したもの。

例題

一 **鴨長明の作品を次から選び、記号で答えなさい。**〔青山学院高等部〕
ア 枕草子　**イ** 方丈記
ウ 平家物語　**エ** 徒然草

二 **中世以外の作品を次から一つ選び、記号で答えなさい。**〔洛南高〕
ア 宇治拾遺物語　**イ** 徒然草
ウ 今昔物語集　**エ** 方丈記
オ 平家物語

三 **「徒然草」の作者の名前を漢字で書きなさい。**〔慶應義塾女子高〕

四 **「おくのほそ道」と同時代の作品を次から選び、記号で答えなさい。**〔早実高等部〕
ア 徒然草　**イ** 古今和歌集
ウ 日本永代蔵　**エ** 古事記　**オ** 御伽草子

五 **本居宣長の著書を次から選び、記号で答えなさい。**〔洛南高〕
ア 雨月物語　**イ** 花月草紙
ウ 日本永代蔵　**エ** 古事記伝
オ 南総里見八犬伝

六 **「花月草紙」と同じ江戸時代の作品を次から選び、記号で答えなさい。**〔慶應義塾高〕
ア 竹取物語　**イ** おくのほそ道
ウ 徒然草　**エ** 万葉集　**オ** 平家物語

七 **次の作品の作者を後から選び、記号で答えなさい。**〔多摩大目黒高〕
(1) 源氏物語　(2) 枕草子　(3) 方丈記　(4) 徒然草
(5) おくのほそ道
ア 大伴家持　**イ** 松尾芭蕉　**ウ** 兼好法師
エ 紫式部　**オ** 紀貫之　**カ** 清少納言　**キ** 鴨長明

(1)	
(2)	
(3)	
(4)	
(5)	

15

⑤ 古文資料

方位と時刻・月の異名《いみょう》

◆古文独特の表し方

私たちが現在使っている「午前」・「午後」というのは、古典に出てくる時刻の表し方から来ている。つまり、「**午《うま》の刻《こく》**」**が昼の12時**を指し、それよりも前の時間が「午前」で、それよりも後の時間が「午後」を表している。また、年末のあわただしい時期を「**師走《しわす》の候《こう》**」などと使うが、これも古典で12月を表す言葉が現在も生きているのである。

このように、現在も使われているものもあれば、ほとんど死語に近いものもある。ここにあげた内容をすべて暗記する必要はないが、私立高校を中心にこれらの知識を問う設問を出すところもあるので、過去の入試問題に当たり、もし志望校で過去に出題されているところがあれば対策をとる必要がある。

チェックポイント▼方位と時刻

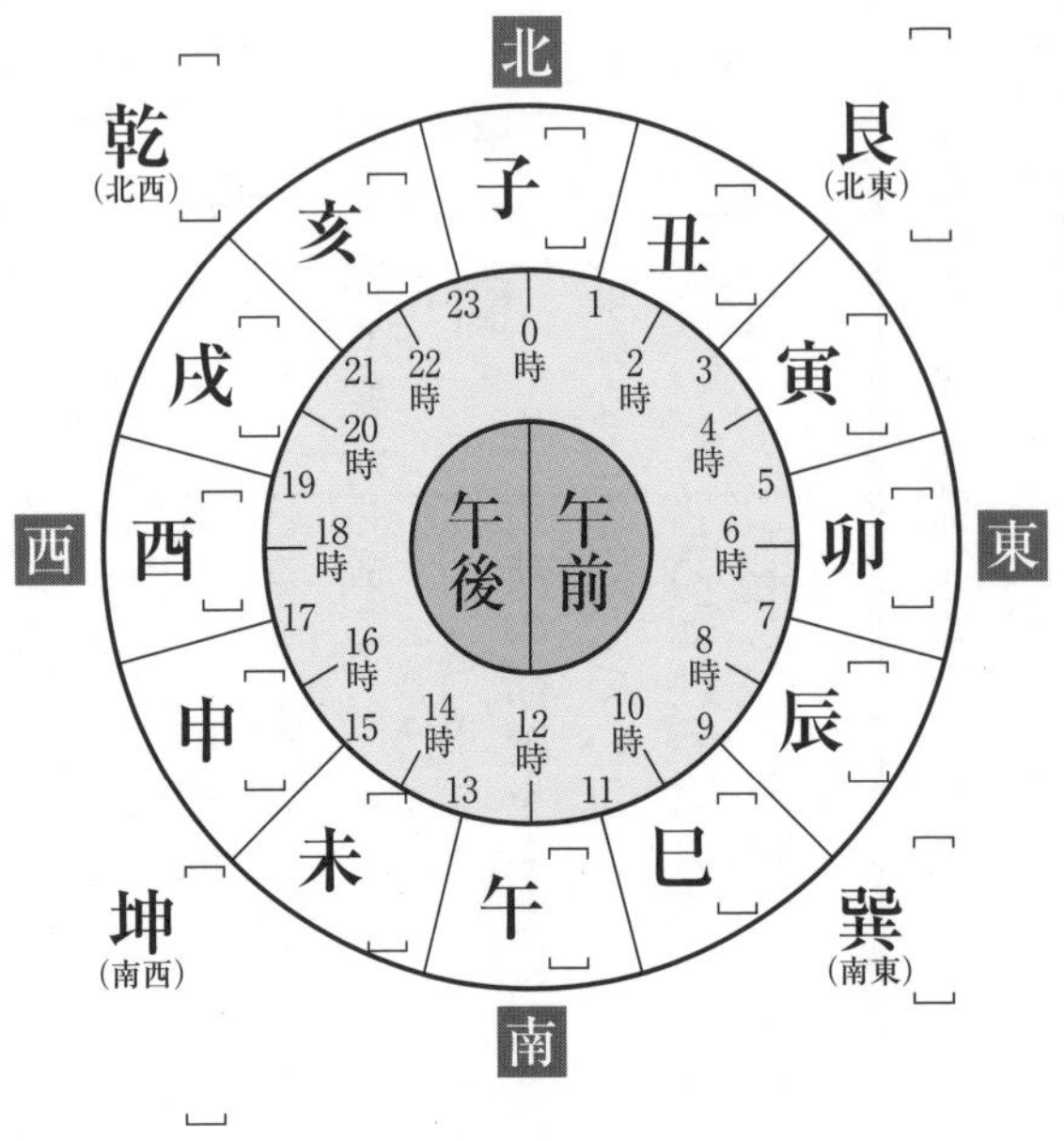

古典では、方位や時刻を表すのに十二支《じゅうにし》（十二種類の動物名）を用いている。「子《ね》」はねずみ、「卯《う》」はうさぎ、「巳《み》」はへび、「亥《い》」はいのししのこと。

方位は、**北を子**、**南を午《うま》**、**東を卯**、**西を酉《とり》**とし、**北東を艮《うしとら》**、**南東を巽《たつみ》**、**南西を坤《ひつじさる》**、**北西を乾《いぬい》**と呼んでいる。

時刻は、一昼夜の二十四時間を十二等分するため、一区切りが二時間単位となる。

例　酉《とり》の方位は□を指し、時刻は□時から□時を指している。

例　乾（戌亥《いぬい》）の方位は□を指している。

例　午前0時は□の刻で、22時は□の刻である。

チェックポイント▼月の異名

季節	月	異名
春	一月	睦《む》月《つき》
	二月	如月《きさらぎ》
	三月	弥生《やよひ》
夏	四月	卯《う》月《づき》
	五月	皐《さ》月《つき》
	六月	水無月《みなづき》
秋	七月	文月《ふみづき》《ふづき》
	八月	葉《は》月《づき》
	九月	長《なが》月《つき》
冬	十月	神無月《かんなづき》《かみなづき》
	十一月	霜《しも》月《つき》
	十二月	師走《しはす》

古典は陰暦のため、現在の太陽暦とは約一か月のずれがある。

「文月」と「神無月」には、二つの読み方がある。また、古文中に「五月のつごもり…」などと表記されている場合は、「五月」を「ごがつ」と読まずに「さつき」と読むことが多い。特に、古文のテストで「五月」の読み方を答える場合は、「ごがつ」と読んでは正解にならないから注意する。

例 ①長月の有明の月にさそはれて、

訳 ②［　　］の有明の月(の美しさ)にさそわれて、

例 神無月のころ、栗栖野《くるすの》といふ所を過ぎて、

訳 ［　　］のころ、栗栖野という所を過ぎて、

①は［　　］と読み、②は［　　］と読む。

例題

一 「未」の読み方を次から選び、記号で答えなさい。

ア うし　イ うま　ウ ひつじ

エ いぬ　オ さる　〔國學院高〕

［　　］

二 (1) 「卯」は十二支の何番目に当たるか。漢数字一字で答えなさい。

(2) 「卯」に結びつけられている動物名をひらがなで答えなさい。〔慶應義塾志木高〕

［　　］［　　］

三 「辰巳」とは、十二支で方角を示したものである。「子《ね》」は北を示し、以降は時計回りに方角を示していく。「辰巳」の方角として適当なものを次から選び、記号で答えなさい。

ア 北東　イ 北西　ウ 南東

エ 南西　〔東海大付相模高〕

［　　］

四 「きさらぎ」とは何月の異名か。漢数字で答えなさい。〔早稲田大高等学院〕

［　　］

五 「六月」の月の異名(古い呼び名)を漢字で答えなさい。〔早稲田実業高〕

［　　］

六 「八月」の異名を次から選び、記号で答えなさい。

ア 神無月　イ 水無月

ウ 葉月　エ 師走　〔鳥取〕

［　　］

16 ⑤古文資料 旧国名と都府県名との対照表

◆旧国名とは

奈良時代から明治時代の初めまで使われていた**令制国《りょうせいこく》の名称**のことである。令制国とは、律令制《りつりょうせい》によって設置された行政区分で、日本の地理的区分の基本単位になっている。

旧国名と現在の都府県名との対比は次の表のようになる。

蝦夷国《えぞこく》と琉球《りゅうきゅう》王国《おうこく》は令制国には含まれていなかったが、蝦夷国は一八六九年に北海道の名称で広域地方行政区画とされ、琉球王国は一八七一年に令制国として鹿児島県に編入されたのち沖縄県となった。

旧国名は、現在でも伊勢《いせ》市・出雲《いずも》市・美濃《みの》市などの市名や、「土佐《とさ》日記」・「伊豆《いず》の踊子」などの作品名にもその名をとどめている。

チェックポイント▼旧国名と都府県名との対照表

区分	旧国名	都府県名
東《とう》山《さん》道《どう》	近江《おうみ》	滋賀
東山道	美濃《みの》	
東山道	飛騨《ひだ》	岐阜
東山道	信濃《しなの》	
東山道	上野《こうずけ》	群馬
東山道	下野《しもつけ》	栃木
東山道	岩代《いわしろ》	福島
東山道	磐城《いわき》	福島・宮城
東山道	陸前《りくぜん》	宮城・岩手
東山道	陸中《りくちゅう》	岩手・秋田
東山道	羽前《うぜん》	山形
東山道	羽後《うご》	秋田・山形
東山道	陸奥《むつ》	青森・岩手
北陸道《ほくりくどう》	若狭《わかさ》	福井
北陸道	越前《えちぜん》	
北《ほく》陸《りく》道《どう》	加賀《かが》	石川
北陸道	能登《のと》	
北陸道	越中《えっちゅう》	富山
北陸道	越後《えちご》	
北陸道	佐渡《さど》	新潟
東《とう》海《かい》道《どう》	伊賀《いが》	三重
東海道	伊勢《いせ》	
東海道	志摩《しま》	三重
東海道	尾張《おわり》	愛知
東海道	三河《みかわ》	愛知
東海道	遠江《とおとうみ》	静岡
東海道	駿河《するが》	
東海道	伊豆《いず》	静岡
東海道	甲斐《かい》	山梨
東海道	相模《さがみ》	
東《とう》海《かい》道《どう》	武蔵《むさし》	東京・埼玉・神奈川
東海道	安房《あわ》	千葉
東海道	上総《かずさ》	
東海道	下総《しもうさ》	千葉・茨城
東海道	常陸《ひたち》	茨城
畿《き》内《ない》	山城《やましろ》	京都
畿内	大和《やまと》	
畿内	河内《かわち》	大阪
畿内	和泉《いずみ》	大阪
畿内	摂津《せっつ》	大阪・兵庫
山《さん》陰《いん》道《どう》	丹波《たんば》	京都・兵庫
山陰道	丹後《たんご》	
山陰道	但馬《たじま》	兵庫
山陰道	因幡《いなば》	鳥取
山《さん》陰《いん》道《どう》	伯耆《ほうき》	鳥取
山陰道	出雲《いずも》	
山陰道	石見《いわみ》	島根
山陰道	隠岐《おき》	島根
山《さん》陽《よう》道《どう》	播磨《はりま》	兵庫
山陽道	美作《みまさか》	岡山
山陽道	備前《びぜん》	
山陽道	備中《びっちゅう》	岡山
山陽道	備後《びんご》	広島
山陽道	安芸《あき》	
山陽道	周防《すおう》	山口
山陽道	長門《ながと》	山口
南《なん》海《かい》道《どう》	紀伊《きい》	和歌山・三重
南海道	淡路《あわじ》	兵庫
南《なん》海《かい》道《どう》	阿波《あわ》	
南海道	讃岐《さぬき》	香川
南海道	土佐《とさ》	
南海道	伊予《いよ》	愛媛
西《さい》海《かい》道《どう》	筑前《ちくぜん》	福岡
西海道	筑後《ちくご》	福岡
西海道	豊前《ぶぜん》	福岡・大分
西海道	豊後《ぶんご》	大分
西海道	日向《ひゅうが》	宮崎
西海道	肥前《ひぜん》	佐賀・長崎
西海道	肥後《ひご》	熊本
西海道	薩摩《さつま》	
西海道	大隅《おおすみ》	鹿児島
西海道	壱岐《いき》	長崎
西海道	対馬《つしま》	長崎

チェックポイント▼旧国名地図

例 古文に出てくる次の旧国名の都府県名を書いてみよう。

① すでにa美濃《みの》の国・b伊勢《いせ》の国に着くと聞こえしかば…。（平家物語）

② またc播磨《はりま》の国におはしましつきて…。（大鏡）

③ d丹後《たんご》へくだりけるほどに…。（十訓抄）

④ 秋ころe和泉《いづみ》に下るに…。（更級日記）

⑤ f越中《えっちゅう》の国市振《いちぶり》の関にいたる。（おくのほそ道）

a	
b	
c	
d	
e	
f	

例題

一 「信濃」は今のどの都府県にあたるか。適当なものを次から選び、記号で答えなさい。（東海大付相模高）

ア 東京都　イ 京都府　ウ 長野県　エ 岐阜県

□

二 「美濃の国」は現在の何県にあたるか。適当なものを次から選び、記号で答えなさい。（堀越高）

ア 愛知県　イ 福井県　ウ 滋賀県　エ 奈良県　オ 岐阜県

□

17 竹取物語(1)

大意　竹取の翁が、ある日竹の筒の中から三寸ばかりの人を見つけた。家で育て始めてから、取る竹ごとに黄金を見つけ、翁は金持ちになっていく。

◇①～④を口語訳し、（　）には現代仮名遣いを記入しなさい。

*今は昔、竹取の*翁《おきな》といふ（　）ものありけり。野山にまじりて竹を取りつつ、よろづ（　）のことに使ひ（　）けり。名をば、*さぬきのみやつことなむ（　）いひ（　）ける。

その竹の中に、もと光る竹なむ（　）一筋ありける。①あやしがりて、寄りて見るに、筒の中光りたり。それを見れば、*三寸ばかりなる人、②いとうつくしうて（　）*ゐ（　）たり。

翁言ふやう（　）、

「われ朝ごと夕ごとに見る竹の中に*おはする（　）にて、知りぬ。子となりたまふ（　）べき人*なめり。」

とて、手にうち入れて家へ持ちて*来《き》ぬ。妻《め》の女に預けて養はす（　）。③うつくしきこと限りなし。いと幼けれ

訳　今ではもう昔のことだが、竹取の翁という人がいた。野や山に分け入って竹を取っては、いろいろな物を作るのに使っていた。名前を、さぬきのみやつこといった。

その竹の中に、根元の光る竹が一本あった。①［　　　　］、近寄って見ると、筒の中が光っていた。その中を見ると、（身長が）三寸ほどの人が、②［　　　　］。

翁が言うことには、

「私が毎朝毎夕に見る竹の中にいらっしゃるので、わかった。（私の）子とおなりになるはずの人のようだ。」

と言って、手の中に入れて家へ持って帰って来た。妻である女性に預けて育てさせる。③［　　　　］。とても小さいので、かごに入れて育てる。

ば、籠《こ》に入れて養ふ（　）。

竹取の翁、竹を取るに、この子を見つけてのちに竹取るに、節を隔てて＊よごとに金《こがね》ある竹を見つくること重なりぬ。＊かくて、④翁やうやう豊かになりゆく（　）。

竹取の翁は、竹を取るのに、この子を見つけてからのちに竹を取ると、節を隔ててどの節にもすべてに黄金の入っている竹を見つけることが続いた。このようにして、④［　　　　］。

＊**今は昔**＝物語や説話の書き出しの形式。今ではもう昔のことだが。むかしむかし。
＊**翁**＝年をとった男。年をとった女は「嫗《おうな》」と言う。
＊**さぬきのみやつこ**＝人の名前。「みやつこ」は、朝廷に仕えていたことを表している。
＊**三寸**＝約十センチメートル。ここでは、身長がたいそう小さいことを表している。
＊**ゐたり**＝「ゐ」は、「ゐる」という動詞の連用形。ただ「いる」よりは、「座っている」状態を表す。
＊**おはする**＝いらっしゃる。尊敬を表す動詞。
＊**なめり**＝「なるめり」のつづまったもの。…のようだ。
＊**来《き》ぬ**＝来た。「来《こ》ぬ」と読む場合は、「来ない」と訳す。
＊**よごとに**＝「よ」は竹の節と節との間のこと。
＊**かくて**＝このようにして。こうして。

18 竹取物語（2）

◇①②③⑤を口語訳（①は助詞、②③は主語を補う）し、④⑥は結びの語を□で囲みなさい。

*この児《ちご》、養ふほどに、すくすくと大きになりまさる。*三月《みつき》ばかりになるほどに、よきほどなる人になりぬれば、*髪上《かみあ》げなど*左右《さう》して、髪上げさせ、*裳着《も》す。*帳《ちやう》の内よりも出ださず、いつき養ふ。この児の容貌《かたち》の*けうらなること世になく、*家《や》の内は暗き所なく、光満ちたり。①翁心地あしく苦しき時も、この子を見れば、苦しきこともやみぬ。②腹立たしきこともなぐさみにけり。

翁竹を取ること久しくなりぬ。*勢ひ猛《まう》の者になりにけり。この子いと大きになりぬれば、名を、御室《みむろ》戸斎部《いむべ》の秋田を③呼びてつけさす。秋田、なよ竹のかぐや姫とつけつ。このほど三日うちあげ遊ぶ。よろ

大意 成人したかぐや姫のために、竹取の翁は成人式・命名式を行って祝う。世の中の男たちは、そのかぐや姫を自分のものにしたいと夢中になっている。

訳 この児を育てるうちに、すくすくと大きな（体）に成長する。三カ月ほどになるうちに、ちょうどよい（一人前の背丈の）人になったので、女子の成人式の手配をして、髪を結い上げさせ、裳を着せる。帳の内からも出さないで、大切に養育する。この児の顔かたちが美しく上品なことは世間に類がなく、（この児が家にいると）家の内は暗い所がなく、光が満ちあふれている。①［　　］、この子を見ると、苦しいこともやんでしまった。②［　　］。

翁は竹を取ることが長い間続いた。（黄金の入った竹を取り続けていたため）勢力が強い者になったのだった。この子がたいそう大きくなったので、名前を、御室戸斎部の秋田を③［　　］。秋田は、竹のように細くしなやかなかぐや姫とつけた。この（成人式・命名式の）三日間は祝宴をして楽しんだ。あらゆる遊びをした。男はだれでもかまわ

づの遊*びを④ぞしける。男はうちきらはず呼び集《つど》へて、いとかしこく遊ぶ。

世界の男《をのこ》、⑤貴《あて》なるも賤《いや》しきも、いかで、このかぐや姫を得てしがな、見てしがなと、音《おと》に聞きめでて惑《まど》ふ。そのあたりの垣《かき》にも家の門《と》にも居《を》る人だにたはやすく見るまじきものを、夜は安き寝*《い》も寝《ね》ず、闇の夜に出でても穴をくじ*り、垣間見*《かいまみ》、惑ひあへり。さる時より⑥なむ「よばひ」とは言ひける。

ず呼び集めて、たいそう盛大に（宴会を）楽しんだ。

世の中の男は、⑤［　　　　］、なんとかして、このかぐや姫を手に入れたいものだ、（顔を）見たいものだ［結婚を意味する］と、うわさに聞いて夢中になる。その［翁の家］周辺の垣根にも家の門にもいる（家）人でさえも容易に見られるわけではないのに、（男たちは）夜は安らかに眠りもしないで、闇夜に（翁の家に）出かけて来てまで（垣根に）穴をあけ、垣根ごしにこっそりのぞいて見て、夢中になっている。その時以来、（求婚のことを）「よばい」と言うようになったのである。

＊**この児**＝かぐや姫を指す。

＊**三月ばかり**＝約三カ月で三寸ほどから、ふつうの人間と同じくらいに成長している。

＊**髪上げ**＝女子の成人式の儀式として行う。

＊**左右して**＝あれこれ指図し、命令すること。手配して。

＊**裳着す**＝裳を着せる。「裳」は、女性の正装の衣服。

＊**帳**＝室内で織物を垂れて周囲からへだてるもの。現在のカーテン。

＊**けうらなること**＝美しく上品なこと。

＊**家の内は暗き所なく、光満ちたり**＝かぐや姫が月の世界の者であることを暗示した表現である。

＊**勢ひ猛の者**＝例文17（43ページ）で、竹取の翁が竹を取るとどの節にも黄金が入っていたことが描かれている。そのため金持ちになり勢力が強くなったのである。

＊**遊び**＝古文では、詩歌・管弦などを楽しむことに使われることが多い。ここは広く宴会を楽しむ意味に訳してある。

＊**寝《い》も寝《ね》ず**＝眠りもしない。

＊**くじり**＝穴をあける。えぐる。

＊**垣間見**＝垣根ごしにこっそりのぞいて見ること。

19 竹取物語(3)

◇①②④を口語訳(②④は主語を補う)し、③は結びの語を□で囲み、( )には古い呼び方を記入しなさい。

春のはじめより、かぐや姫、①月のおもしろう出でたるを見て、常よりももの思ひたるさまなり。ある人の、

「月の顔見るは*忌《い》むこと。」

と制しけれども、ともすれば、*人間《ひとま》にも月を見ては、②いみじく泣き給ふ。

（　）七月十五日の月に出で居《ゐ》て、*せちにもの思へる気《け》色《しき》なり。*近く使はるる人々、竹取の翁に告げていはく、

「かぐや姫、例も月をあはれがり給へども、このごろとなりては、ただ事にも*侍《はべ》らざんめり。いみじく思《おぼ》し嘆くことあるべし。よくよく見たてまつらせ給へ。」

大意　春の初めから、かぐや姫は月を見て泣き悲しんでいた。その様子を見た者から話を聞いた竹取の翁が、かぐや姫に問いただすがそれを認めようとはしなかった。だが、数日後、竹取の翁はもの思いに沈んでいるかぐや姫を目撃する。

訳　春の初めから、かぐや姫は、①［　　　　］、いつもよりももの思いをしている様子である。ある人が、

「月を見ることは不吉なことですよ。」

と止めたけれども、ややもすると、人のいないときにも月を見ては、②［　　　　］。

七月十五日の月に(軒近くに)出て座って、しきりにもの思いをしている様子である。(かぐや姫の)近くで使われている人々が、竹取の翁に告げて言うことには、

「かぐや姫は、いつも月を(見ては)しみじみと感動なさるけれども、このごろでは、ただ事でもないようです。ひどく悲嘆なさることがあるようです。十分に気をつけなさいませ。」

と言うのを聞いて、(翁が)かぐや姫に言うには、

「どういう気持ちがするので、このように(深く)思いこんだ様子で月を見なさるのですか。よい世の中

と言ふを聞きて、かぐや姫に言ふやう、

「なんでふ心地すれば、かくものを思ひたるさまにて月を見給ふぞ。うましき世に。」

と言ふ。かぐや姫、

「月見れば世間《せけん》心細くあはれに侍り。なんでふものを③か嘆き侍るべき。」

と言ふ。

かぐや姫のある所に至りて見れば、④なほもの思へる気色なり。


なのに。」

と言う。かぐや姫は、

「月を見ると世の中が心細くさびしく思われます。どうしてものを嘆くことがありましょうか、いや、嘆くことはありません。」

と言う。

（何日かして）かぐや姫がいる所に（竹取の翁が）行って見ると、④＿＿＿＿。

＊忌むこと＝月を見ることを恐れつつしんでいた時代があった。
＊人間＝「ひとま」と読み、人のいないときのことをいう。
＊せちに＝しきりに。切実に。ひたすら。
＊近く使はるる人々＝かぐや姫の側近として使われている女性たち。
＊侍らざんめり＝「侍らざるめり」が変化したもの。
＊なんでふ＝文中には二箇所出てくる。最初は疑問を表し、「どういう・なんという」と訳す。二つ目は下に「か」（傍線③）があるため反語を表し、「どうして…か、いや、…ない」と訳す。
＊うましき世＝「うまし」はものをほめる言葉。竹取の翁にとっては、満足できる世の中であったことがわかる。
＊世間＝世の中。
＊ある所＝いる所。

20 竹取物語（4）

◇①④を口語訳（①は助詞を、④は主語を補う）し、②③は結びの語を□で囲み、（　）には古い呼び名を記入しなさい。

（　　）八月十五日ばかりの月に出で居《ゐ》て、①かぐや姫いといたく泣き給ふ。人目もいまはつつみ給はず泣き給ふ。これを見て、親どもも、

「なに事ぞ。」

と問ひさわぐ。かぐや姫泣く泣くいふ、

「さきざきも申さむと思ひしかども、かならず心惑ひし給はむ物ぞと思ひて、いままで過ごし侍《はべ》りつるなり。*さのみやはとて、うち出で侍りぬるぞ。おのが身はこの国の人にもあらず、月の都の人なり。それを*昔の契《ちぎり》ありけるにより②なむこの世界にはまうで来《きた》りける。いまは帰るべきになりにければ、この月の十五日に、かの*もとの国より、迎へに人々まう

大意　人間世界で生活していたかぐや姫は、月に帰らなければならないことを八月十五日ごろ両親に告げる。それを聞いた翁は、自分は死んでしまいたいと騒ぐ。

訳　八月十五日ごろの月に（軒近くに）出て座って、①［　　　　］。人の見ているのも今となってはかまわずに泣きなさる。これを見て、親たちも、

「なんのことか。」

と（理由を）尋ね騒ぐ。かぐや姫が泣きながら言うには、

「以前にも申し上げようと思ったけれども、きっと心配なさるにちがいないと思って、今まで（申し上げないで）過ごして来たのです。そう（隠して）ばかりおられようかと、口に出してしまうのです。私の身はこの（人間の）国の人でもなく、月の都の人である。それなのに昔からの約束があったために、この（人間）世界にやって来たのである。今は帰らなければならない（とき）になったので、今月の十五日に、あのもとの国から、迎えに人々がやって来ようとしている。やむをえなく（月へ）帰らなければならないので、（あなたたちが）お思い嘆くかもしれないこと

で*来《こ》むず。*さらずまかりぬべければ、思《おぼ》しなげかんが悲しきことを、この春より思ひなげき侍るなり。」

といひて、いみじく泣くを、翁、

「*こはなでふ事のたまふぞ。竹の中より見つけ*きこえたりしかど、菜種の大きさおはせしを、わが丈《たけ》たち並ぶまで養ひたてまつりたる我が子を、*なに人か迎へきこえむ。*まさに許さんや。」

といひて、

「われ③こそ死なめ。」

とて④泣きののしること、いと耐へがたげなり。


が悲しく、それを(私は)この春から思い嘆いているのです。」

と言って、ひどく泣くのを、翁は、

「これはなんということをおっしゃるのか。竹の中から見つけ申し上げたけれども、菜種の大きさでいらっしゃったのを、私の背たけと立ち並ぶほどまで養い申し上げた私の子を、だれがお迎え申し上げようか、いや、お迎え申し上げられない。どうして(迎えを)許そうか、いや、許さない。」

と言って、

「自分は死のう。」

と(言っ)て④［　　　］ことは、(かぐや姫にとっては)たいそう耐えきれない様子である。

***さのみやは**＝そう隠してばかりおれようか、いや、おれはしない。「やは」は反語。
***昔の契**＝昔からの約束。
***もとの国**＝月の都。
***来むず**＝来るだろう。「むず」は推量を表す助動詞。…だろう。
***さらず**＝「避《さ》らず」で、避けられない。やむをえない。
***こはなでふ事**＝これはなんということ。「なでふ」は「なにといふ」のつづまったもの。
***きこえ**＝「…申し上げる」と訳す敬語。「聞こえる」とは訳さない。
***なに人か迎へきこえむ**＝だれがお迎え申し上げようか、いや、お迎え申し上げられない。「か…む」で係り結びになり、「か」は反語になる。
***まさに許さんや**＝どうして許そうか、いや、許さない。「まさに…や」で反語になる。

21 枕草子 (1)

◇①〜④を口語訳(①③は述語を補う)し、⑤は主語を現代語で補いなさい。

春はあけぼの。やうやう白くなりゆく山ぎは*、すこしあかりて*、紫*だちたる雲のほそくたなびきたる。

①夏は夜。月のころはさらなり*、やみもなほ、蛍の多く飛びちがひたる。また、ただ一つ二つなど、ほのかにうち光りて行くもをかし*。雨など降るもをかし。

秋は夕暮れ。夕日のさして山の端《は》*いと近《ちか》うなりたるに、烏《からす》の寝どころへ行くとて、三《み》つ四《よ》つ、二つ三つなど、②飛びいそぐさへあはれ*なり。まいて*雁《かり》などのつらねたるが、いと小さく見ゆるはいとをかし。日入りはてて、風の音、虫*の音《ね》など、はたいふべきにあらず。

大意 どの季節も心引かれるが、特に春はあけぼの、夏は夜、秋は夕暮れ、冬は早朝が趣深い。

訳 春は夜明けがた(が趣深い)。だんだんと白くなっていく山ぎわが、少し明るくなって、紫がかった雲が(その山のあたりに)細くたなびいている(のが趣深い)。

① ＿＿＿＿。月のころはいうまでもなく、やみ夜もやはり、蛍がたくさん乱れ飛んでいる(のが趣深い)。また、たった一匹か二匹ぐらい、かすかに光って(飛んで)いくのも趣深い。雨などが降るのも趣深い。

秋は夕暮れ(が趣深い)。夕日が照って山の端にたいそう近くなったところに、烏がねぐらへ帰ろうとして、三羽四羽、二羽三羽など、② ＿＿＿＿。まして雁などで列を作って(飛んで)いるのが、たいそう小さく見えるのはたいそう趣深い。日がすっかり沈んでしまって、(周囲に聞こえる)風の音、虫の鳴き声なども、またいいようもなく(趣深い)。

③冬はつとめて*。雪の降りたるはいふべきにもあらず、霜のいと白きも、またさらでも*いと寒きに、火など急ぎおこして、炭もて*渡るも④いとつきづきし。昼になりて、⑤ぬるくゆるび*もていけば、火桶《ひをけ》*の火も白き灰がちになりてわろし*。

---

③［　　］。雪が降っているのはいうまでもないが、霜がたいそう白い（早朝）も、またそうでなくても、たいそう寒いので、火などを急いでおこして、炭を持って（廊下などを）通っていくのも④［　　］。昼になって、⑤［　　］だんだんゆるんでいくと、火ばちの火も白い灰ばかりになってよくない。

---

*山ぎは＝空の山に接するように見えるあたり。
*あかりて＝明るくなって。
*紫だちたる＝紫がかった。現在の紫よりも赤みが強い。あかね色。
*さらなり＝いうまでもない。
*をかし＝趣深い。風情がある。心引かれる。
*山の端＝山の空に接する部分。「山ぎは」に対する語。
*あはれなり＝「をかし」と同じように、趣深いことを表す語。14ページ参照。
*まいて＝「まして」が変化した語。
*虫の音《ね》＝楽器や人の泣き声、鳥や虫の鳴き声の場合は、「音」を「ネ」と読む。
*つとめて＝早朝と翌朝の意がある。ここは前者の意になる。
*さらでも＝そうでなくても。

---

*もて＝「持ちて」と同じ。
*ゆるび＝ゆるくなる。うすらぐ。
*火桶＝木製の丸火ばち。
*わろし＝よくない。感心しない。

22 枕草子 (2)

◇①は述語を文中の語で補い、②③を口語訳し、④は何が桜の花に劣らないのかを答え、(　)には古い呼び名を記入しなさい。

木の花は、①濃きも薄きも紅梅。桜は、花びらおほきに、葉の色濃きが、枝ほそくて咲きたる。藤の花は、*しなひ長く、色濃く咲きたる、②いとめでたし。四月(　)の*つごもり、五月(　)のついたちのころほひ、橘《たちばな》の葉の濃く*青きに、花のいと白う咲きたるが、③雨うち降りたるつとめてなどは、*世になう心あるさまにをかし。花のなかより*黄金《こがね》の玉かと見えて、いみじうあざやかに見えたるなど、朝露にぬれたる朝ぼらけの桜に④おとらず。

*しなひ＝藤の花房。
*つごもり＝月の終わりごろ。月末。
*青き＝「青」は、緑色・藍《あい》色・水色も含む。

大意 春の木に咲く花は、紅梅・桜・藤がすばらしい。また、雨が降った早朝の橘の花の実をつけた様子は、桜に劣らないほど趣深い。

訳 (春に咲く)木の花(の中)では、(色の)濃いのも薄いのも紅梅が①[　　]。桜は、花びらが大きくて、葉の色の濃いのが、細い枝に咲いている(のがすばらしい)。藤の花は、花房が長く、色濃く咲いているのが、②[　　]。

四月の末日か、五月の初めごろ、橘の葉の濃い緑色をしているのに、花がたいそう白く咲いているのが、③[　　](に見られる景色)などは、めったになく味わいのある様子で趣深い。(白い)花の中から(その実が)黄金の玉かと見えて、たいそうはっきりと見えている(様子)などは、朝露にぬれた夜明けがたの桜の花(の美しさ)に④[　　]劣らない。

*世になう＝めったにない。またとない。
*黄金の玉＝花の中から見える実を「黄金の玉」にたとえている。

23 枕草子 (3)

◇①②を口語訳し、③④は結びの語を□で囲み、（　）には古い呼び名を記入しなさい。

蓑虫《みのむし》、いと①あはれなり。鬼の生みたりければ、親に似て、これもおそろしき心あらむとて、親の②あやしき衣《きぬ》引き着せて、

「いま秋風の吹かむをり③ぞ来《こ》むとする。待てよ。」

といひおきて、逃げて往《い》にけるも知らず、風の音を聞き知りて、（　）八月ばかりになれば、

「ちちよ、ちちよ。」

とはかなげに鳴く、いみじうあはれなり。

（中略）

蟻《あり》は、いとにくけれど、*軽《かろ》びいみじうて、水の上などをただ*あゆみにあゆみありく④こそをかしけれ。

＊軽び＝身軽さ。

＊あゆみにあゆみありく＝どんどん歩き回る。

大意 蓑虫は、親に逃げられたことも知らずに、親を呼んで心細げに鳴くのはふびんである。蟻は、気にくわない虫だが、水の上でも身軽に歩き回るのはおもしろい。

訳 蓑虫は、たいそう①□。鬼が生んだということだから、親に似て、これも恐ろしい心を持っているだろうと、親が②□着物を着せて、

「もうすぐ、秋風の吹き出すころには（迎えに）来るつもりだ。（それまで）待っていなさい。」

と言い残して、逃げ去ってしまったのも知らないで、風の音を聞き分けて、八月のころになると、

「父よ、父よ。」

と心細げに鳴くのは、たいそうふびんである。

（中略）

蟻は、たいそういや（な虫）だけれど、身軽さはたいしたもので、水の上などをそのままどんどん歩き回っているのがおもしろい。

24 枕草子（4）

◇①は省略されている語を文中から抜き出し、②④を口語訳し、③は動作主を文中の語で答えなさい。

はしたなきもの。こと人を呼ぶに、われぞとてさしいでたる。①物など取らするをりはいとど。おのづから人のうへなどうち言ひそしりたるに、をさなき子どもの聞きとりて、その人のあるに言ひいでたる。②あはれなることなど人の言ひいで、うち泣きなどするに、げにいとあはれなりなど聞きながら、③なみだのつといで来《こ》ぬ、いとはしたなし。泣き顔つくり、けしきことになせど、いとかひなし。④めでたきことを見聞くには、まづただいで来《き》にぞいで来《く》る。

*はしたなきもの＝間が悪いもの。きまりが悪いもの。
*こと人＝異人。自分以外の人。他人。
*おのづから＝たまたま。偶然に。
*つと＝すぐに。即座に。
*いで来にぞいで来る＝涙がとめどもなく出て来る。

大意 間の悪いもの。呼ばれて人違いだった場合。特に、物をくれるときはいっそうきまりが悪い。人の悪口がその人にばれた場合。悲しい話を聞いても涙が出てこない場合。

訳 間が悪いもの。他の人を呼ぶのに、自分（が呼ばれた）と思って出しゃばった（のは間が悪い）。物などくれるときはいっそう①［　　］。たまたまある人のことなどを言いけなしているときに、幼い子どもが聞き覚えて、その人のいる所で言い出した（のは間が悪い）。②［　　］などを人が言い出して、（その人が）泣いたりなどするのに、本当にたいそう悲しいなどと聞きながら、③［　　］涙がすぐに出て来ないのは、たいそう間が悪い。泣き顔をつくり、様子もふつうではなくつくってみるけれども、まったく効き目がない。④［　　］を見たり聞いたりするときは、まずむやみに（涙が）とめどもなく出て来る。

25 枕草子 (5)

◇②③を口語訳（②は省略語を、③は主語を補う）し、①は同じような意味を表す一語を□で囲みなさい。

①うつくしきもの。②瓜《うり》にかきたるちごの顔。すずめの子の、ねず鳴きするに踊り来る。二つ三つばかりなるちごの、急ぎてはひくる道に、いと小さきちりのありけるを目ざとに見つけて、いとをかしげなるおよびにとらへて、③大人などに見せたる、いとうつくし。頭《かしら》はあまそぎなるちごの、目に髪のおほへるをかきはやらで、うちかたぶきてものなど見たるもうつくし。

*ちご＝幼児。おさな子。
*ねず鳴き＝ねずみの鳴きまね。
*はひくる道＝はってくる途中。
*および＝指。
*あまそぎ＝少女の髪型。肩のあたりで髪を切りそろえたもの。
*かきはやらで＝かき払いもしないで。
*うちかたぶきて＝首をかたむけて。

大意 かわいらしいもの。瓜にかいた幼児の顔。ねずみの鳴きまねで近寄って来るすずめの子。ごみをつまんで大人に見せる幼児。首をかたむけて物を見る幼児。

訳 かわいらしいもの。②□。すずめの子が、ねずみの鳴きまねをすると踊るようにしてやって来る（のがかわいらしい）。二つ三つぐらいである幼児が、急いではってくる途中に、たいそう小さいちりがあったのを目ざとく見つけて、たいそうかわいらしい指でつまんで、③□、たいそうかわいらしい。髪の毛は肩のあたりで切りそろえた髪型である幼児が、目に髪がおおいかぶさっているのを（手で）かき払いもしないで、（首を）かたむけて物などを見ているのもかわいらしい。

26 平家物語(1)

◆①・③を口語訳し、②はだれがだれのところに参上することがなかったのか、④は何を指すか、⑤は主語を答えなさい。

薩摩守《さつまのかみ》(平忠度。平清盛の弟。)のたまひけるは、

①「年ごろ申し承《うけたまは》つて*のち、おろかならぬ(いいかげんでない。)御事に思ひまゐらせ候《さぶら》へども(思っておりましたが。)、この二三年は、京都のさわぎ、国々の乱れ、しかしながら(すべて。)当家(平家一門。)の身の上の事(運命に関すること。)に候ふ間、疎略《そらく》を存ぜずといへども(歌のことをいいかげんに思わないので。)、②常にまゐりよることも候はず。君(天皇。)すでに都を出でさせ給ひぬ。一門の運命はやつき候ひぬ。撰集《せんじふ》(勅撰和歌集を編集すること。)のあるべき由《よし》承り候ひしかば、生涯の面目《めんぼく》(一生の名誉。)に、一首なりとも御恩《ごおん》をかうぶらう(俊成卿のご恩によって歌を選んでいただきたいと。)と存じて候ひしに、③やがて世の乱れ出で来て、その*さたなく候ふ条《でう》、ただ一身のなげきと存じ候ふ。世しづまり候ひなば、*勅撰《ちよくせん》の御さた候はむずらむ(ございますでしょう。)。こ

大意 忠度が和歌の師である俊成に、勅撰集の命令があったときは一首でも選んでもらえればうれしいと、これまでに詠んだ歌のうちから百首余りを巻物として渡した。

訳 薩摩守(平忠度《ただのり》)が(俊成卿に)おっしゃったことには、「①[　　]歌についてお教えを受けたのち、(歌を)いいかげんでないことと思っておりましたが、この二、三年は、京都での騒ぎ、(地方の)国々の争乱(が起こり)、すべて平家一門の運命に関することでありましたので、歌のことをいいかげんに思わないと言っても、②[　　]いつも参上することもありません。天皇は既に都をお出になられました。平家一門の運命はもう尽きてしまいました。勅撰和歌集を編集することがあるだろうということをうかがっておりましたので、一生の名誉のために、一首でも俊成卿のご恩によって歌を選んでいただきたいと考えておりましたのに、③[　　]、勅撰の命令がありませんことは、ただ私一人の嘆きと思っています。世の中が静まりましたならば、勅撰のご命令がございますでし

れに候ふ巻物《まきもの》のうちに、さりぬべきもの候はば、一首なりとも御恩をかうぶりて、草*のかげにても、うれしと存じ候はば、遠き御まもりとこそ成り参らせ候はむずれ。」
とて、日ごろよみおかれたる歌どものなかに、秀歌《しうか》とおぼしきを百余首《ひやくよしゆ》書き集められたる巻物を、今はとてうつ*立たれける時、④これをとつて⑤持たれたりしが、鎧《よろひ》の*引合《ひきあは》せより取り出でて、俊成卿《しゆんぜいきやう》にたてまつる。

にあります巻物。
適当な歌。
遠いあの世からのあなたのお守り。
今は最後
だと思って。
藤原俊成。「千載《ぜんざい》和歌集」の撰者。

(58ページに続く)

ょう。ここにあります巻物の(歌の)中に、適当な歌がありましたならば、一首でも(俊成卿の)ご恩をお受けして(選んでいただき、私が)あの世ででも、うれしいと思いましたならば、遠いあの世からのあなたのお守りとなり申しましょう。」
と言って、日ごろ詠《よ》んでおかれた多くの歌の中で、すぐれた歌と思われるものを百首余り書き集められた巻物を、今は最後だ、と思って自宅を出発なさった時に、④［　　］を取って⑤［　　］持たれていたが、(それを)鎧の胴《どう》の合わせ目から取り出して、俊成卿に差し上げる。

***申し承つて**＝歌について忠度が俊成卿にお教えを受けて。
***さたなく候ふ条**＝命令がありませんことは。「さた」は、命令。ここは勅令。「条」は、「…こと」と訳す名詞。
***ただ一身のなげき**＝世間一般の嘆きであるけれども、自分一人だけが嘆いているように強く感じている様子。

***草のかげ**＝「草葉のかげ」とも言う。死後。あの世。
***うつ立たれける時**＝自宅を出発なさった時。「うつ」は「うち」が変化したもの。
***引合せ**＝鎧《よろい》の前後の胴《どう》を右脇で合わせてひもで結ぶところ。物を入れておく場合もある。

27 平家物語（2）

（57ページから続く）

◆①③を口語訳し、④⑤は主語を答え、②⑥は結びの語を□で囲みなさい。

三位*これをあけて見て、

「かかる忘れ形見を給はり置き候《さぶら》ひぬるうへは、ゆ*めゆめ疎略《そりやく》を存《ぞん》ずまじう候ふ。①御疑《おんうたが》ひあるべからず。さてもただ今の御渡りこそ、②情《なさ》けも勝《すぐ》れて深う、あはれも殊《こと》に思ひしられて、感涙《かんるい》おさへがたう候へ。」

とのたまへば、薩摩守《さつまのかみ》よろこんで、

「今は西海《さいかい》の波の底に沈《しづ》*まば沈め、山野《さんや》に屍《かばね》をさらさばさらせ、浮世《うきよ》に思ひ置くこと候はず。さらば暇《いとま》申して。」

とて、馬に打ち乗り、甲《かぶと》の緒《を》をしめ、西を指《さ》いてぞ歩《あゆ》ませ給ふ。三位、後ろを遥《はる》かに見送つて立たれた

忘れ形見：忘れないために死後に残しておく記念の品物。
御疑ひあるべからず：(この巻物の歌を)おろそかには思わないでございましょう。
さても：それにしても。
情け：風流心。
感涙：ものに感動して流す涙。
屍：死体。
屍をさらさばさらせ：さらすならさらしてもかまわない。
浮世：この世。
思ひ置くこと候はず：思い残すことはありません。
歩ませ給ふ：「馬を歩ませ給ふ」のこと。

大意 忠度から渡された巻物を見た俊成が、この形見をおろそかにしないと言うと、忠度はよろこんで西へ向かって去って行った。その後、俊成は「千載集」に忠度の歌の一首を「読み人しらず」として入れた。

訳 三位〔俊成〕はこれをあけて見て、

「このような忘れ形見(の品物)をいただきましたからには、決しておろそかには思わないでございましょう。①［　　　　］。それにしても、ただいまのおいでは、風流心も非常に深く、しみじみとした趣もことさらに感じられて、ものに感動して流す涙をおさえることができません。」

とおっしゃると、薩摩守はよろこんで、

「今はもう西海の波の底に沈むなら沈んでもかまわない、野山に死体をさらすならさらしてもかまわない、この世に思い残すことはありません。ではお暇を申し上げて(出かけましょう)。」

と言って、馬に乗り、かぶとのひもをしめ、西へ向かって(馬を)歩ませなさる。三位は、(忠度の)後ろ(姿)を遠くまで見送ってお立ちになっていると、忠度の声と思われる(声)で、

「これから行く先は非常に遠い、(はるかかなたの)

れば、忠度《ただのり》の声と覚《おぼ》しくて、
「*前途《ぜんど》ほど遠し、思ひを雁山《がんざん》の夕べの雲に馳《は》す。」
と、高らかに口ずさみ給へば、俊成卿、いとど③名残《なごり》惜しう覚えて、涙を抑《おさ》へてぞ入り給ふ。

その後、世静まつて（戦乱がおさまって。）、④千載集《せんざいしふ》（「千載和歌集」のこと。）を撰《せん》ぜられけるに、忠度のありし有様、*言ひおきし言《こと》の葉《は》、今更《いまさら》思ひ出《い》でてあはれなりければ、（中略）「故郷花《こきやうのはな》」といふ題にて⑤詠《よ》まれたりける歌一首⑥ぞ、*読み人しらずと入れられける。

雁山の上にかかった夕べの雲を想像する（とお別れするのが悲しい）。」
と、高らかに（漢詩の一節を）口ずさみなさるので、俊成卿は、いよいよ③［　　　］、涙をおさえて（家の内へ）入られた。

その後、戦乱がおさまって、④［　　　］「千載集」を選ばれた時に、忠度のその夜の様子や、言い残しておいた言葉を、いま改めて思い出して身にしみて感じられたので、（中略）「故郷の花」という題で⑤［　　　］お詠《よ》みになった歌一首を、「読み人しらず」として（「千載集」に）お入れになった。

***三位**＝藤原俊成のこと。俊成は、皇太后宮大夫正三位という位を持っていたことにより「三位」と呼ばれた。

***ゆめゆめ…まじう**＝決して…ない。

***沈まば沈め**＝沈むなら沈んでもかまわない。「沈め」は命令形で、そうあってもかまわないという意を表す。

***前途ほど遠し**＝平安時代に成立した「和漢朗詠集《わかんろうえいしゅう》」という和歌や漢詩文を集めた書物の中に、大江朝綱《おおえあさつな》の漢詩で、「前途程遠し、思ひを雁山の暮《ゆうべ》の雲に馳《は》す。後会期《こうかいき》遥《はる》かなり、纓《えい》を鴻臚《こうろ》の暁《あかつき》の涙に霑《うるお》す。」というのがあり、その前半を忠度は口ずさんだのである。この漢詩の後半のおおよその意味は、「この後、会うのはいつかわからないので、鴻臚館（外国の使者の宿泊所）の朝の涙に、冠《かんむり》のひもを濡《ぬ》らすことだ。」となる。忠度はこの漢詩に託《たく》して、いつ会えるかわからない悲しみを表現したのである。

***言ひおきし言の葉**＝忠度が勅撰和歌集へ自分の歌を入れるよう俊成に依頼したこと。

***読み人しらず**＝歌を詠んだ人の名前はわからない。作者不明。忠度は天皇の敵方の人物だったために名前を出さなかった。

28 平家物語 (3)

◇①を口語訳し、③はだれが何を歩ませたのかを答え、②④は結びの語を□で囲みなさい。

（与一《よいち》は）判官《はうぐわん》の前にかしこまる。

「いかに宗高《むねたか》、あの扇《あふぎ》のまん中射《い》て、平家に見物《けんぶつ》させよかし。」（見物させよ。）

与一かしこまって申しけるは、

「射おほせ候《さふら》はん事（うまく射とげます。）、不定《ふぢやう》に候ふ（不確かで。）。射損《いそん》じ候ひなば、ながき御方《みかた》の御瑕《おんきず》にて候ふべし。一定《いちぢやう》（確実に。）つかまつらんずる（（矢を）射るであろう。）仁《じん》に仰《おほ》せつけらるべうや候ふらん（お言いつけなさるのがよろしいのではないでしょうか。）。」

と申す。判官大きに怒《いか》って、

「鎌倉を立って、西国《さいごく》へ赴《おもむ》かん殿原《とのばら》は、①義経《よしつね》が命《めい》を背《そむ》くべからず。少しも子細《しさい》を存《ぞん》ぜん人は、*とうとうこれより帰らるべし。」

とぞのたまひける。与一重ねて辞せば悪《あ》しかりなん

大意 義経の命令を断り切れなかった与一は、やむなく矢を射ることを了承する。与一は馬で海中に乗り入れるが、扇との距離はまだ七段ほどあった。

訳 （与一は）判官［義経］の前につつしんでひざまずいている。

「どうだ宗高［与一］、あの扇のまん中を射て、（敵方の）平家に見物させよ。」（と義経がおっしゃると）

与一がつつしんで申し上げたことには、

「（私には矢を）うまく射とげますことは、不確かでございます。（もし）射そこないましたならば、（のちのちまでの）長い味方の御恥でございましょう。確実に（矢を）射るであろう人にお言いつけなさるのがよろしいのではないでしょうか。」

と申し上げる。（これを聞いた）判官は大いに怒って、

「鎌倉を出発して、西国へ向かおうとする者どもは、①□。少しでも不服のある者は、さっさとここから（鎌倉に）帰られるのがよかろう。」

とおっしゃった。与一は再び辞退したら悪いであろうと思ったのであろう、

とや思ひけん、
「外《は》づれんは知り候はず、御諚《ごぢやう》で候へば、つかまつ
つ②てこそ見候はめ。」
とて、御前《おんまへ》をまかり立ち、黒き馬の太うたくましき
に、小房《こぶさ》の鞦《しりがい》かけ、まろほや*摺《す》つたる鞍《くら》置いてぞ乗
つたりける。弓取り直し、手綱《たづな》かいくり、汀《みぎは》へ向い
て③歩ませければ、御方《みかた》の兵《つはもの》どもうしろを遥《はる》かに見送
つて、
「この若者、一定つかまつり候ひぬと覚《おぼ》え候ふ。」
と申しければ、判官もたのもしげにぞ見給ひける。
矢ごろ少し遠かりければ、海へ一段《たん》ばかり打ち入れ
たれども、なほ扇のあはひ、七段《たん》ばかりは有るらん
と④こそ見えたりけれ。

（62ページに続く）


御諚＝御命令。

鞦＝馬具の一種。

かいくり＝たぐって。

矢ごろ＝矢を射るのに適当な距離。

あはひ＝与一と扇との間。

***とうとう**＝「とくとく」の変形。
***まろほや**＝「まろ」は円《まる》。「ほや」はやどり木。やどり木を円く図案化した紋《もん》。

「はずれるかどうかはわかりませんが、御命令でございますから、いたしてみましょう。」と言って、（義経の）御前を退き、黒い馬で太ってたくましいのに、小房の鞦をかけて、やどり木《ぎ》（の紋）をすった鞍を置いて乗ったのであった。弓を持ち直し、手綱をたぐって、波うちぎわへ向かって③［　　］［　　　　］歩ませたので、味方の兵どもは（与一の）うしろ姿を見送って、

「この若者は、確実にやりとげると思われます。」

と申し上げたので、判官も頼もしそうに見ておられた。矢を射る距離が少し遠かったので、海中へ一段［約11メートル］ほど乗り入れたけれども、まだ扇との間は、七段ほどはあろうと見えたのであった。

29 平家物語（4）

（61ページから続く）

◇①を助詞を補って口語訳し、②は対句を、③は結びの語を□で囲み、④は主語を答え、（　）には現在の何時ごろかを記入しなさい。

ころは*二月《にんぐわつ》十八日の酉《とり》の刻（　）ばかりのことなるに、をりふし①北風《ほくふう》激しくて、磯《いそ》打つ波も高かりけり。舟は、揺《ゆ》り上げ揺りすゑ漂《ただよ》へば、扇も*くしに定まらずひらめいたり。②沖には平家、舟を一面に並べて見物す。陸《くが》には源氏、*くつばみを並べてこれを見る。いづれもいづれも晴れならず（多くの人々の前での晴れがましいこと。）といふことぞなき。与一目をふさいで、（中略）心のうちに祈念《きねん》して、目を見開いたれば、風も少し吹き弱り、扇も射よげに（射やすそうに。）ぞなつたりける。

与一、*かぶらを取ってつがひ、*よつ引《ぴ》いてひやうど放つ。小兵《こひやう》といふ*ぢやう、*十二束三伏《そくみつぶせ》、弓は強し、浦響《うらひび》くほど長鳴りして、あやまたず扇の要《かなめ》ぎは一寸（約三センチメートル。）

大意
与一が扇を射ようとしたが、波は高く舟は揺れている。平家方も源氏方もかたずをのんで見守っている。与一が祈念して目を開くとちょうど風も弱まり、みごとに扇のかなめぎわを射抜いた。

訳 時は二月十八日の午後六時ごろのことであったが、折から①□。舟は、揺り上げられたり揺り下げられたりして漂っているので、（標的の）扇もさおの先にじっとしていないでひらひらと揺れ動いている。沖では平家が、舟を一面に並べて見物している。陸では源氏が、馬のくつわを並べて、これを見ている。どちらを見ても晴れがましい（様子では）ないと言うことはない。［晴れがましい様子であることを言っている。］与一は目を閉じて、（中略）心の中で祈って、目を開けて見てみると、風も少し吹き弱まり、扇も射やすそうになっていた。

与一は、かぶら矢を取ってつがえ、十分に引きしぼってひょうと放った。（与一は）小柄とはいうものの、（矢は）十二束三伏（の長さで）、弓は強い、（かぶら矢は）海浜一帯に響きわたるほど長く鳴って、少しの狂いもなく扇のかなめの端から一寸ほど離れた

ばかりおいて、ひいふつとぞ③射切つたる。かぶらは海へ入《い》りければ、扇は空へぞ上がりける。しばしは虚空《こくう》にひらめきけるが、春風《はるかぜ》に一《ひと》もみ二《ふた》もみもまれて、④海へさつとぞ散つたりける。夕日《せきじつ》のかかやい*たるに、みな紅《ぐれなゐ》の扇の日出《い》だしたるが、白波の上に漂ひ、浮《う》きぬ沈《しづ》みぬ揺られければ、沖には平家、舟ばたをたたいて感じたり、陸には源氏、えびらをたたいてどよめきけり。

ひいふつ＝矢が風を切り、的《まと》に当たった音。
虚空＝空
日出だしたる＝日の丸を表した扇。
浮きぬ沈みぬ＝浮いたり沈んだり。
えびら＝矢を入れて背負う道具。

ところを、ひいふっと射抜いた。かぶら矢は海へ落ちると、扇は空へ舞い上がった。しばらくの間、空に舞っていたが、春風に一もみ二もみもまれて、④[　　]海へさっと散り落ちた。夕日に輝いている(中)に、全部が赤地の扇で、日の丸を表した扇が、白波の上に漂って、浮いたり沈んだりして(波に)揺られているので、沖では平家が、舟ばたをたたいて感嘆していて、陸では源氏が、えびらをたたいてはやしたてた。

＊**二月**＝古文ではふつう「きさらぎ」と読むが、ここのようにルビがある場合はそれに従う。なお「にんぐわつ《にんがっ》」という読みは、「平家物語」はもともと琵琶法師が語ったもので、その名残だからと言われている。

＊**くし**＝細長くてものを指し通すもの。ここは、「さお」。

＊**くつばみ**＝馬の口に含ませ、手綱《たづな》をつけるための金具。

＊**かぶら**＝音を立てて飛ぶように作った矢。開戦の合図に使用する。

＊**よつ引いて**＝「よく引いて」の変形したもの。

＊**ぢやう**＝漢字は「条」（ふつうは「でう」）と表記する。…とはいうものの。

＊**十二束三伏**＝矢の長さを表す。一握りの幅を「一束《いっそく》」と言い、指一本の幅を「一伏《ひとふせ》」と言う。

＊**かかやいたる**＝輝いている。「かかやく」は、輝く。

30 徒然草（1）

◆①〜③を口語訳し、⑤は主語を補い、④は結びの語を□で囲み、（　）には現在の何月かを記入しなさい。

神無月（　　）のころ、栗栖野《くるすの》といふ所を過ぎて、ある山里にたづね入ることはべりしに、はるかなる苔《こけ》の細道を踏み分けて*、心細く住みなしたる庵《いほり》あり。木の葉にうづもるるかけ樋《ひ》のしづくならでは、①つゆ*おとなふものなし。閼伽棚《あかだな》に菊・紅葉《もみぢ》など折り散らしたる、②さすがに住む人のあればなるべし。

かくてもあられけるよ、③とあはれに見るほどに、かなたの庭に、大きなる柑子《かうじ》の木の、枝もたわわになりたるが、まはりをきびしく囲ひたりしこそ、④⑤少しことさめて、この木なからましかば、と覚えしか。

（第十一段）

栗栖野：今の京都市山科《やましな》区にある。
はべりしに：ありましたが。
庵：仮住まいの小さくて粗末な家。
かけ樋のしづくならでは：水を通すために地上にかけ渡した樋《とい》のほかには。
閼伽棚：仏に供える水や花などを置く棚《たな》。
あればなるべし：いるからであろう。
あられけるよ：住むことができるなあ。
柑子の木の：みかんの木で。
ことさめて：興ざめして。
なからましかば：もしなかったならば（よかったのに）。

＊**踏み分けて**＝主語は「作者」と「庵の住人」の二説ある。

＊**つゆ**＝「つゆ…なし」の形に注意する。26ページ参照。

大意

十月に山里に人をたずねて行ったところ、粗末な家があって樋《とい》のしずくの音が聞こえるだけで、あたりは静かであった。そこにあったみかんの木が厳重に囲ってあったのは興ざめだった。

訳

□のころ、栗栖野という所を通って、ある山里に（人を）たずねて入ったことがありましたが、ずっと遠くまで続いている苔の生えた小道を（草を）踏み分けて、ものさびしい様子で住んでいる粗末な家がある。（落ちた）木の葉にうずもれている樋《とい》のしずく（の落ちる音）のほかには、①□。閼伽棚に（仏に供える）菊やかえでなどを折って置いてあるのは、②□住む人がいるからであろう。

このようでも住むことができるなあ、と③□、向こうの庭に、大きなみかんの木で、枝もたわむくらいに（実が）なっているが、周囲を厳重に囲ってあるのには、⑤□少し興ざめして、この木がもしなかったならば（よかったのに）と思われたことだ。

31 徒然草 (2)

大意

良覚僧正は怒りっぽい人であった。「榎の木の僧正」と言われたのが気にくわないで榎の木を切ったところ、「切りくいの僧正」と言われた。それに腹を立てて切り株を掘ってしまったところ、「堀池の僧正」と言われてしまった。

◇□に、「切りくひの僧正」「堀池《ほりいけ》の僧正」「榎の木の僧正」から選んで記入しなさい。

公世《きんよ》の二位のせうとに、良覚僧正《りやうがくそうじやう》と聞こえしは、極めて腹あしき人なりけり。坊《ばう》の傍《かたはら》に、大きなる榎《え》の木のありければ、人、

「□」

とぞ言ひける。この名しかるべからずとて、かの木を切られにけり。その根のありければ、

「□」

と言ひけり。いよいよ腹立ちて、切りくひを掘り捨てたりければ、その跡大きなる堀にてありければ、

「□」

とぞ言ひける。

（第四五段）

公世の二位のせうと：従二位という位にあった、男の兄弟。藤原公世のこと。

良覚僧正：比叡山延暦寺《ひえいざんえんりやくじ》の大僧正。

聞こえしは：申し上げた方は。

腹あしき人：怒りっぽい人。

坊：僧の住む建物である僧坊。

しかるべからず：けしからん。

切りくひ：切り株。

訳 従二位《じゅにい》の藤原公世の兄弟で、良覚僧正と申し上げた方は、非常に怒りっぽい人であった。（この人が住んでいる）僧坊のそばに、大きな榎の木があったので、（世間の）人は、

「□」

と言った。（すると僧正は）この名前はけしからんと言って、その木を切りなさった。その根が残っていたので、（世間の人は）

「□」

と言った。（僧正は）ますます腹を立てて、切り株を掘って捨ててしまったところが、その跡が大きな堀になっていたので、（世間の人は）

「□」

と言った。

32 徒然草 (3)

大意 水車を大井の土地の者に作らせたがうまくいかず、水車作りの専門家が多い宇治の里の者に作らせたらうまくいった。どの道も専門の技術を持っている者は尊いものだ。

◇①～③を口語訳しなさい。

　*亀山殿《かめやまどの》の御池《みいけ》に、大井川《おほゐがは》の水をまかせられんとて（お引きになろうとして。）、大井の土民《どみん》に仰《おほ》せて、水車《みづぐるま》を造らせられけり。多くの銭《あし》を給ひて（下さって。）、数日《すじつ》に営《いとな》み出だして（努力して作り上げて。）、かけたりけるに、おほかためぐらざりければ、とかく直しけれども、つひに廻《まは》らで、①いたづらに立てりけり。さて、*宇治《うぢ》の里人《さとびと》を召して、こしらへさせられければ（作らせなさったところ。）、やすらかに結《ゆ》ひて参らせたりけるが（組み立てて差し上げた水車が。）、思ふやうにめぐりて、水を汲《く》み入るること、②めでたかりけり。

　よろづにその道を知れる者は、③やんごとなきものなり。

（第五一段）

＊亀山殿＝後嵯峨《ごさが》上皇と亀山上皇の離宮。

＊宇治の里人＝宇治の里の者。宇治は宇治川に臨み、水車の名所。水車作りの専門家が多い。

訳　（上皇が）亀山離宮のお池に、大井川の水をお引きになろうとして、大井の土地の者にお言いつけになって、水車を作らせなさった。（上皇は）多くのお金を下さって、（土地の者は）数日かかって努力して作り上げて、（これを川に）かけたところが、少しも回らなかったので、あれこれと直したけれども、とうとう回らないで、①［　　］。そこで、（今度は）宇治の里の者をお呼びになって、（水車を）作らせなさったところ、やすやすと組み立てて差し上げた水車が、思うように回って、水を（池に）汲《く》み入れることが、②［　　］。

　何ごとにつけてもその道に通じている者は、③［　　］。

33 徒然草（4）

大意 ひとりで石清水八幡宮の参拝に行った僧が、ふもとにある極楽寺や高良神社に参拝して、ひとりでそれが本社だと独り合点をする。こんな失敗をしないためにも指導者はほしいものだ。

◇①～④を口語訳し、作者が感想を述べている部分を『　』で囲みなさい。

仁和寺《にんなじ》にある*法師、年寄るまで、*石清水《いはしみづ》を拝《をが》まざりければ、①心うく覚えて、あるとき思ひ立ちて、ただひとり、徒歩《かち》より《歩いて。》まうでけり。*極楽寺《ごくらくじ》・*高良《かうら》などを拝みて、かばかりと《これだけのものと。》心得て帰りにけり。さて、かた《そば》へ《の人。》の人にあひて《向かって。》、

「②年ごろ思ひつること、果《は》たし侍《はべ》りぬ。聞きしにも過ぎて尊《たふと》くこそおはしけれ。そも《それにしても。》、参りたる人ごとに山へ登りしは、何事かありけん、③ゆかしかりしかど、神へ参るこそ④本意《ほい》なれと思ひて、山までは見ず。」

とぞ言ひける。

少しのことにも、先達《せんだち》《指導者。》はあらまほしきことなり。

訳 仁和寺にいるある僧が、年をとるまで、石清水《いわしみず》八幡宮《はちまんぐう》を参拝しなかったので、①［　］、ある時思い立って、たったひとりで、歩いて参拝した。極楽寺や高良神社などを参拝して、（石清水八幡宮とは）これだけのものと思い込んで（山上の本社へは参拝せずに）帰ってしまった。そして、（寺に帰って来た僧は）そばの人に向かって、

「②［　］思っていたことを果しました。（話に）聞いていた以上に尊くいらっしゃいました。それにしても、参拝に来た人がみな、山へ登って行ったのは、何事があったのだろうか、③［　］、神へ参拝するのが④［　］、山までは見なかった。」

と言ったそうだ。

ちょっとしたことにも、指導者はあってほしいものである。

（第五二段）

＊**ある**＝「いる」の意と「ある僧」の「ある」とが一つになって使われている。

＊**石清水**＝石清水八幡宮。山の上にある男山八幡宮が本社。

＊**極楽寺**＝男山のふもとにあった八幡宮付属の寺。

＊**高良**＝極楽寺に隣り合った八幡宮付属の神社。

34 徒然草（5）

◆①②④を口語訳し、③はだれが何を防ごうとしたのかを答え、⑤は主語を補いなさい。

「奥山に、猫*またといふものありて、人を食らふなる。」

と、人の言ひけるに、

「山ならねども（山でなくても。）、これらにも（このあたり。）、猫の経《へ》上がりて（成り上がって。）、猫またに成りて、人とることはあなる*ものを。」

と言ふ者ありけるを、何阿弥陀《あみだ》仏（僧の名前。）とかや、連*歌しける法師の、*行願寺《ぎやうぐわんじ》のほとりにありけるが聞きて、「独り歩かん身は、心すべきことにこそ。」と思ひけるころしも（ちょうどそのころ。）、ある所にて夜ふくるまで連歌して、ただ独り帰りけるに、小川*の端《はた》にて、①音に聞きし猫また、過《あやま》たず足下へふと寄りきて、②やがてかきつくままに（…やいなや。）、首のほどを食はんとす。

大意 山奥でなくても猫またが出るといううわさを信じた僧が、暗やみで自分の飼っている犬にとびつかれて、猫まただと思い込んであわてふためいている。

訳「山奥に、猫またというものがいて、人を食い殺すということだ。」

と、人が言ったところ、

「山でなくても、このあたりにも、猫が成り上がって、猫またになって、人を取って食い殺すことがあるということだよ。」

と言う者があったので、何阿弥陀仏とか言って、連歌をやっていた法師で、行願寺のそばに住んでいた（法師）が聞いて、「独り歩きをするような（自分の）身には、用心しなければならないことだ。」と思っていた、ちょうどそのころ、ある所で夜ふけまで連歌をして、ただ独りで帰って来たところが、小川のそばで、①［　　］猫またが、ちょうど足下へさっと寄って来て、②［　　］、首のあたりを食おうとする。

肝をつぶして、③［　　］防ごうとするが、（防ぐ）力もなく足も立たないで、

肝心《きもごころ》も失せて《肝をつぶして。》、③防がんとするに、力もなく足も立たず、小川へ転び入りて、

「助けよや、猫また、よやよや*。」

と叫べば、家々より松《たいまつ。》どもともして走り寄りて見れば、このわたり《このあたり。》に見知れる僧なり。

「④こは、いかに。」

とて、川の中より抱き起こしたれば、連歌の賭《か》け物《連歌を詠んで得た賞品。》取りて、扇・小箱などふところに持ちたりけるも、水に入りぬ。希有《けう》にして《不思議にも。》助かりたるさまにて、⑤はふはふ家に入りにけり。

飼ひける犬の、暗けれど主《ぬし》を知りて、飛びつきたりけるとぞ。


（第八九段）

＊猫また＝目は猫に似て、体は犬ぐらいの大きさだと言われている化け猫。
＊あなる＝「あるなる」が変化したもの。あるということだ。
＊連歌＝短歌の上の句と下の句を別々の人が詠《よ》み継いでいく文芸。
＊行願寺＝今の京都市中京区にあった寺。
＊小川＝小さな川でなく、固有名詞。
＊よやよや＝「よや」は他人に呼びかける語。ようよう。おうい。

小川（の中）へ転がり込んで、

「助けてくれ、猫まただよ、おうい。」

と叫んだので、（近くの）家々からたいまつなどをともして（近所の人々が）走り寄って見ると、このあたりで顔見知りの僧である。

「④［　　　］。」

と言って、川の中から抱き起こしたところ、連歌の賞品を取って、扇や小箱などをふところに（入れて）持っていたのも、水につかってしまった。不思議にもやっと助かったという様子で、⑤［　　　］はうようにして家に入ってしまった。

飼っている犬が、暗いけれども（飼い）主を見分けて、飛びついたということである。

35 徒然草 (6)

◇①〜③⑤は口語訳をし、④は主語を補いなさい。

*丹波《たんば》に出雲《いづも》といふ所あり。*大社《おほやしろ》を移して、①めでたく造れり。

しだのなにがしとかや、知る所（治める所。）なれば、秋のころ、聖海上人《しやうかいしやうにん》、そのほかも、人あまた誘《さそ》ひて、

「いざたまへ（人を誘う言葉。）、出雲拝みに。かいもちひ召させん（ぼたもちをごちそうしましょう。）。」

とて、具しもていきたるに、おのおの拝みて、ゆゆしく（たいそう）信おこしたり（信心をおこした。）。

御前《おまへ》なる*獅子《しし》・狛犬《こまいぬ》、背きて、後ろさまに立ちたりければ、上人いみじく感じて、

「あなめでたや。この獅子の立ちやう、いとめづらし。深き故《ゆゑ》あらん。」

と涙ぐみて、

大意 丹波にある出雲大社に参拝に行った聖海上人は、背中合わせの獅子と狛犬を見て感激する。ところがそれは子どものいたずらであることがわかり、上人の感涙は無駄になってしまった。

訳 丹波に出雲という所がある。（そこに）出雲大社（の御神体）を分け移して、（神社を）①［　　　］。

（この場所は）「しだ」という姓《せい》のだれそれとかいう人の治める所なので、秋のころ、（この人が）聖海上人や、その他にも、人をおおぜい誘って、

「さあ、参りましょう、出雲大社の参拝に。ぼたもちをごちそうしましょう。」

と言って、連れて行ったところが、（その人たちは）各自が参拝して、たいそう信心をおこした。

（神社の拝殿の）御前にある獅子と狛犬とが、背中を向け合って、後ろ向きに立っていたので、上人はたいへん感心して、

「ああ、すばらしい。この獅子の立ち方は、たいそう珍しい。深いわけがあるのだろう。」

と涙ぐんで、

「*いかに殿《との》ばら、殊勝《しゅしょう》のこと《すばらしいこと。》は御覧《ごらん》じとがめずや。

むげなり《ひどい。》。」

と言へば、②おのおのあやしみて、

「まことに他に異なりけり。都のつと《みやげ。》に語らん。」

など言ふに、上人③なほゆかしがりて、おとなしく《思慮分別がある。》物知りぬべき顔したる神官《じんぐわん》を呼びて、

「この御社《みやしろ》の獅子の立てられやう、定めてならひあることにはべらん。ちと承《うけたまは》らばや《ちょっとお聞きしたいものです。》。」

と言はれければ、

「そのことに候《さうら》ふ。さがなきわらべども《いたずらな子どもたち。》のつかまつりける《いたしましたことで。》、奇怪《きくわい》に候ふこと《けしからんこと。》なり。」

とて、さし寄りて、据《す》ゑ直して④去《い》にければ、上人の感涙⑤いたづらになりにけり。


（第二三六段）


*丹波＝現在の京都府と兵庫県にまたがる旧国名。

*大社を移して＝出雲大社（現在の島根県にある）の御神体を分け移して。

*獅子・狛犬＝拝殿の前に、左に獅子、右に狛犬が向かい合って置いてある。

*いかに殿ばら＝「いかに」は人に呼びかける語。「ばら」は複数を表す。ちょっと皆さん。


「ちょっと皆さん、（こんな）すばらしいことに目をお止めにならないのですか。ひどいことだ。」

と言うと、②（　　　　）、

「ほんとうに他のと違っているなあ。都へのみやげ話にしましょう。」

などと言うので、上人は③（　　　　）、思慮分別があって物を知っていそうな顔をしている神官を呼んで、

「この神社の獅子の立てられ方は、きっと理由のあることでございましょう。ちょっとお聞きしたいものです。」

とおっしゃると、

「そのことでございます。いたずらな子どもたちがいたしましたことで、けしからんことでございます。」

と言って、そばに寄って、置き直して④（　　）立ち去ったので、上人の感涙は⑤（　　　　）。

36 おくのほそ道 (1)

大意 人生は旅と同じである。私も旅をして江戸に戻ったが、春が来るとまた旅をしたくなり、松島を目ざそうと思う。弥生の末の七日に千住から旅をスタートさせる。見送りの人たちへの別れの思いが強く、なかなか旅がはかどらない。

◇①と対句になっている部分を□で囲み、②は掛詞「立てる」を生かして口語訳し、③は何月何日かを、④は主語、⑤はだれのうしろ姿かを文中の語で答えなさい。

月日は百代《はくたい》の過客《くわかく》にして、行きかふ年もまた旅人《たびびと》なり。舟の上に生涯を浮かべ、①馬の口とらへて老いを迎ふる者は、日々旅にして旅を住みかとす。古人も多く旅に死せるあり。予《よ》もいづれの年よりか、片雲《へんうん》の風にさそはれて、漂泊の思ひやまず、海浜にさすらへ、去年《こぞ》の秋、江上《かうしやう》の破屋《はをく》に蜘蛛《くも》の古巣を払ひて、やや年も暮れ、②春立てる霞の空に、白河《しらかは》の関越えんと、そぞろ神《がみ》のものにつきて心を狂はせ、道《だう》祖《そ》神《じん》の招きにあひて取るもの手につかず、股引《ももひき》の破れをつづり、笠《かさ》の緒《を》つけかへて、三里に灸《きう》すうるより

百代の過客：永遠の旅人。
片雲：ちぎれ雲。
漂泊の思ひ：さすらいの旅をしたいという思い。
江上：隅田川のほとり。
やや：ようやく。
道祖神：旅路と旅人の守護神。
三里：足のひざがしらの下にある灸をすえるところ。
より：すぐに。

訳 月日は永遠の旅人であり、行ったり来たりする年もまた旅人である。舟の上で生涯を送る(者や)、馬の口をとらえて老いを迎える者は、毎日が旅であって、旅を住居としている。古人にも多く旅で死んだ人がある。私もいつの年からであったか、ちぎれ雲のように風に誘われて、さすらいの旅への思いがやまないで、海辺をさすらっていたが、去年の秋(江戸に帰って)、隅田川《すみだがわ》のほとりのあばら屋に蜘蛛の古巣を払って(住むうちに)、ようやく年も暮れ、②□、白河の関を越えたいと(思うと)、そぞろ神がなにかについたようになって心を狂わせ、道祖神の招きにあったような気がしてなにも手につかないで、股引の破れをつくろい、笠のひもをつけかえて、ひざの下に灸をすえるとすぐに、松島の月がまず思われて、住んでいた家は他人に譲って、杉風の別荘に移るときに、

り、松島の月まづ心にかかりて、住めるかたは人に譲り、杉風《さんぷう》（芭蕉の弟子。）が別墅《べつしょ》（別荘。）に移るに、

草の戸も住み替はる代《よ》ぞ雛《ひな》の家（雛人形を飾る家。）

表八句《おもてはちく》（百句続ける連句の、はじめの八句。）を庵《いほり》の柱に懸けおく。

③弥生も末の七日、あけぼのの空朧々《ろうろう》（おぼろにかすんで。）として、月は有明《ありあけ》にて光をさまれるものから、富士の峰かすかに見えて、上野《うへの》・谷中《やなか》の花のこずゑまたいつかはと心ぼそし。むつまじきかぎりは宵《よひ》（前夜から。）よりつどひて、④舟に乗りて送る。千住《せんぢゆ》といふところにて舟をあがれば、前途三千里の思ひ胸にふさがりて、幻《まぼろし》のちまた（幻のようにはかないこの世。）に離別の泪《なみだ》をそそぐ。

行く春や鳥啼《な》き魚《うを》の目は泪

これを矢立《やたて》（携帯用の筆記用具。）のはじめとして、行く道なほ進まず。人人は途中に立ちならびて、⑤うしろかげの見ゆるまではと見送るなるべし。

こんな草庵も人が住み替わるときとなったことだ。（やがて来る節句には）雛人形を飾る家となるであろうよ。

（これを発句として）表八句を庵の柱に懸けておいた。

③［　　］、夜明けの空がおぼろにかすんで、月は有明月で光は薄くなっているものの、富士の峰がかすかに見えて、上野や谷中の（桜の）花のこずえ（も見えるが）いつになったら（再びこれらを見られるのか）と心細い。親しい人々はみんな前夜から集まって、④［　　］舟に乗って（私を）送る。千住という所で舟から上がると、これからの旅の三千里への思いが胸いっぱいになって、幻のようにはかないこの世に別れの涙をそそぐ。

暮れていく春よ、（なごりを惜しんで）鳥はなき、魚の目は涙でうるんでいる（私も涙を流して泣いている）。

この句を矢立の使いはじめとして（書いたが、別れて来た人々への思いで）行く道はやはりはかどらない。人々は途中に立ち並んで、⑤［　　］うしろ姿が見えるまではと（思って）見送るのであろう。

37 おくのほそ道 (2)

大意 日光山に参拝する。空海が二荒山を日光山と改め、ここに徳川家康を祭った東照宮があり、日本中にその御威光が行き渡り、国民のすべてが安らかに生活でき、国も治まっている。書きたいことがあったが遠慮して筆をとめた。

◇①は主語を補い、②を口語訳し、( )には現在の何月にあたるかを記入しなさい。

( )卯月朔日《ついたち》、御山《みやま》に詣拝《けいはい》す。往昔《そのかみ》この御山を「＊二荒《にくわう》山《ざん》」と書きしを、空海大師開基《かいき》の時、「日光《につくわう》」と改めたまふ。①千歳《せんざい》未来をさとりたまふにや、今＊この御《ご》光《くわう》一天にかがやきて、恩沢《おんたく》八荒《はつくわう》にあふれ、＊四民安《あん》堵《ど》の住みか穏やかなり。②なほはばかり多くて、筆をさし置きぬ。

＊あら＊たふと青葉若葉の日の光

往昔：その昔。　この御山：日光山を指す。　空海大師：のちの弘法大師のこと。　千歳未来を：千年も先のことを。　一天に：天下中に。　恩沢：将軍家の恵み。　八荒：八方の遠い地。　安堵の住みか：安らかに生活できる場所。

＊**二荒山**＝音読のひびきから「日光山」になった。

＊**この御光**＝日光山の御威光。日光山は徳川家康の墓所であり、東照宮があるため。

＊**四民**＝階級制度の士・農・工・商の四つ。国民すべてを指す。

＊**あら**＝感動詞。ああ。

＊**たふと**＝「たふとし」（尊し・貴し）の語幹。

訳 卯月一日、日光山に参拝する。その昔、この御山を「二荒山」と書いたが、空海大師が開基(された)時、「日光」と改めなさった。千年も先のことを①[　　　]さとりなさったのであろうか、今この(東照宮の)御威光が天下中に行き渡って、将軍家の恵みは国の八方の遠い地にまであふれ、四民が安らかに生活できる場所は(国として)穏やかに(治まっている)。(まだ書きたいこともあるが、尊い御山のことをあれこれ述べるのは)②[　　　　　]、筆をさし置いた。

ああ何と尊いことであろう、(生き生きとしている)青葉や若葉に(降りそそいでいる)日光は。

38 おくのほそ道（3）

◇①②を口語訳し、③で清輔が書いた部分の初めに『をつけなさい。

心もとなき日数《ひかず》重なるままに、白河の関（奥州への関所。）にかかりて、旅ごころ（旅を楽しむ気持ち。）定まりぬ。①「いかで都へ」*とたより求めしもことわりなり。なかにも、この関は三関《さんくわん》*の一《いつ》にして、風騒の人（風流を好む人。）心をとどむ。秋風を耳に残し*、紅葉《もみぢ》を俤《おもかげ》にして*、青葉のこずゑ、②なほあはれなり。卯《う》の花のしろたへに、いばらの花の咲きそひて、雪にも越ゆる心地《ここち》ぞする。古人、冠《かんむり》を正し衣装《いしやう》を改めしことなど*、③清輔《きよすけ》の筆にもとどめ置かれしとぞ。

卯の花をかざしに関の晴着《はれぎ》かな　曽良《そら》

*いかで都へ＝平兼盛《かねもり》の「たよりあらばいかで都へつげやらむ今日白河の関は越えぬと」という歌を指している。

*三関＝白河の関（磐城《いわき》）・勿来《なこそ》の関（常陸《ひたち》）・念珠《ねず》の関（羽前）。

*秋風を耳に残し＝能因《のういん》法師の「都をば霞とともにたちしかど秋風ぞ吹く白河の関」という歌などを指している。

*紅葉を俤にして＝源頼政《よりまさ》の「都にはまだ青葉にて見しかども紅葉散りしく白河の関」という歌などを指している。

*古人、冠を…＝竹田大夫国行《たけだのたゆうくにゆき》が能因の歌に敬意を表し、白河の関を越えるとき、わざわざ衣冠を改めたという話が、藤原清輔の「袋草子《ふくろそうし》」に書かれていたことによる。

大意 白河の関にかかるとようやく旅ごころも定まった。かつてここを詠んだ歌を思いつつ、真っ白に咲いた花に囲まれながら白河の関を越えて行く。

訳 心細い思いのする日が何日かたつうちに、白河の関にさしかかって、（心細い思いより）旅を楽しむ気持ちが定着した。（かつて歌の中で）「①［　　］都へ知らせてやりたい」と手がかりを求めたのももっともなことである。（多くある関所の）中でも、この関は三関（といわれるもの）の一つであって、風流を好む人が心を留める所である。（今は夏だが）秋風も耳に聞こえるように思われ、紅葉も目に見えるような気がして、（今の）青葉のこずえも、②［　　］。卯の花が真っ白に咲いているうえに、いばらの花が（白く）咲き加わって、雪の中を越える気持ちがする。古人が、（白河の関を越えるとき）冠を正し衣装を改めたことなど、清輔の書いたものにも残されているということだ。

（私には改める衣装がないので、せめて）卯の花を髪に挿して、これを晴着として関を越えよう。

39 おくのほそ道（4）

◆①④を口語訳し、②③はどこを指しているか、文中から抜き出して書きなさい。

*三代の*栄耀《えいえう》一睡《いっすゐ》のうちにして、大門《だいもん》の跡は一里こなたにあり。秀衡《ひでひら》が跡は田野《でんや》になりて、*金鶏山《きんけいざん》のみ形を残す。まづ、*高館《たかだち》に登れば、①北上川《きたかみがは》南部より流るる大河《たいが》なり。衣川《ころもがは》は*和泉《いづみ》が城《じやう》をめぐりて、高館の下にて大河に落ち入る。泰衡《やすひら》らが旧跡は、衣《ころも》が関《せき》を隔てて南部口をさし固め、夷《えぞ》を防ぐと見えたり。さても義臣すぐつて②この城にこもり、功名一時の叢《くさむら》となる。*国破れて山河あり、城《しろ》春にして草青みたりと、笠《かさ》うち敷きて、時の移るまで泪《なみだ》を落としはべりぬ。

夏草や兵《つはもの》どもが夢の跡

卯《う》の花に兼房《かねふさ》見ゆる白毛《しらが》かな　曽良

- 大門：表門。
- 南部：盛岡地方。
- 大河に落ち入る：北上川に流れ込んでいる。
- 夷：古くから奥羽地方に住んでいた異民族。
- 義臣すぐつて：忠義の家来をよりすぐって。
- 功名一時の叢となる：功名もわずかの間のことですぐ消えて、後は草むらとなっている。
- 笠うち敷きて：笠を地面に置いて。
- 時の移るまで：長い間。
- 兵ども：「義臣」たちのこと。
- 兼房：義経の老臣。

大意

高館に登ってあたりを一望すると、藤原氏三代の栄華がしのばれ、武士の夢の跡のはかなさに涙した。うわさを聞いていた経堂と光堂を訪れると、風雪にいためられた光堂が全体をおおわれ、千年前の記念物として保護されていた。

訳　（藤原氏）三代の栄華もひと眠りの夢の中で見るようなはかないものであって、（その館の）表門の跡は一里手前にある。秀衡のいた跡は田野になって、金鶏山だけが形を残している。（作者が）まず、高館に登ると、①［　　］（ことがわかる）。衣川は和泉が城を回って、（作者がいる）高館の下で北上川に流れ込んでいる。泰衡たちの旧跡は、衣が関を隔てて南部口を守り、異民族を防いだものと思われる。さても、（義経が）忠義の家来をよりすぐって②［　　］にこもり、（奮戦してたてた）功名もわずかの間のことですぐに消えて、後は草むらとなっている。国は破れても山河は（昔のままで）あり、（滅びた）城は春で草々が青々と茂っていると、笠を地面に置いて、長い間涙を落としました。

目の前には夏草が生い茂っている。ここは、かつて兵士たちが功名をたてたところであったが、今はそのおもかげもない。

白く咲いている卯の花をながめていると、その花の中から（義経の老臣の）兼房がしらが頭をふり

かねて耳驚かしたる③二堂開帳《かいちやう》す。（うわさを聞いて驚いていた。）（安置してある仏像などを一般の人に拝ませること。）経堂《きやうだう》は＊三将の像を残し、＊光堂《ひかりだう》は三代の棺《ひつぎ》を納め、＊三尊の仏を安置す。七宝《しつぽう》散り失せて、珠《たま》の扉風④にやぶれ、（珠玉を散りばめた美しい扉。）金《こがね》の柱霜雪《さうせつ》に朽《く》ちて、既に頽廃空虚《たいはいくうきよ》の叢となるべきを、（くずれすたれ、何もなくなること。）四面新たに囲んで甍《いらか》を覆《おほ》ひて風雨をしのぐ。しばらく千歳《せんざい》のかたみとはなれり。（千年の昔をしのばせる記念。）

＊五月雨《さみだれ》の降りのこしてや光堂

＊**三代**＝藤原清衡《きよひら》・基衡《もとひら》・秀衡《ひでひら》の三代。
＊**栄耀一睡のうち**＝栄華もひと眠りの夢の中で見るようなはかないもの。
＊**金鶏山**＝秀衡が築いたと言われている山。
＊**高館**＝源義経がいた所。
＊**和泉が城**＝秀衡の三男忠衡の居城
＊**国破れて…草青みたり**＝中国の杜甫《とほ》の漢詩「春望」による。
＊**三将の像**＝清衡・基衡・秀衡を指す。
＊**光堂**＝金色堂《こんじきどう》ともいう。
＊**三尊の仏**＝阿弥陀如来《あみだにょらい》・観世音菩薩《かんぜおんぼさつ》・勢至菩薩《せいし》。
＊**五月雨**＝陰暦五月ごろに降り続く雨。梅雨。

乱して奮戦している様子が見えることだ。

かねてからうわさを聞いて驚いていた③[　]の二堂が開帳する。経堂には三将の像を残し、光堂には（その）三代の棺を納め、三尊の仏を安置している。（年月を経るに従い）七宝は散り失せて、珠玉を散りばめた美しい扉は④[　]、黄金の柱は霜や雪のために腐って、とっくにくずれすたれ、何もなくなって草原となるはずのところだが、（堂の）四面を新しく囲って、屋根をおおって風や雨を防いでいる。（これで）しばらくの間は、千年の昔をしのばせる記念とはなっている。

五月雨が、ここだけは降らなかったのであろうか、今も光り輝いている光堂であるよ。

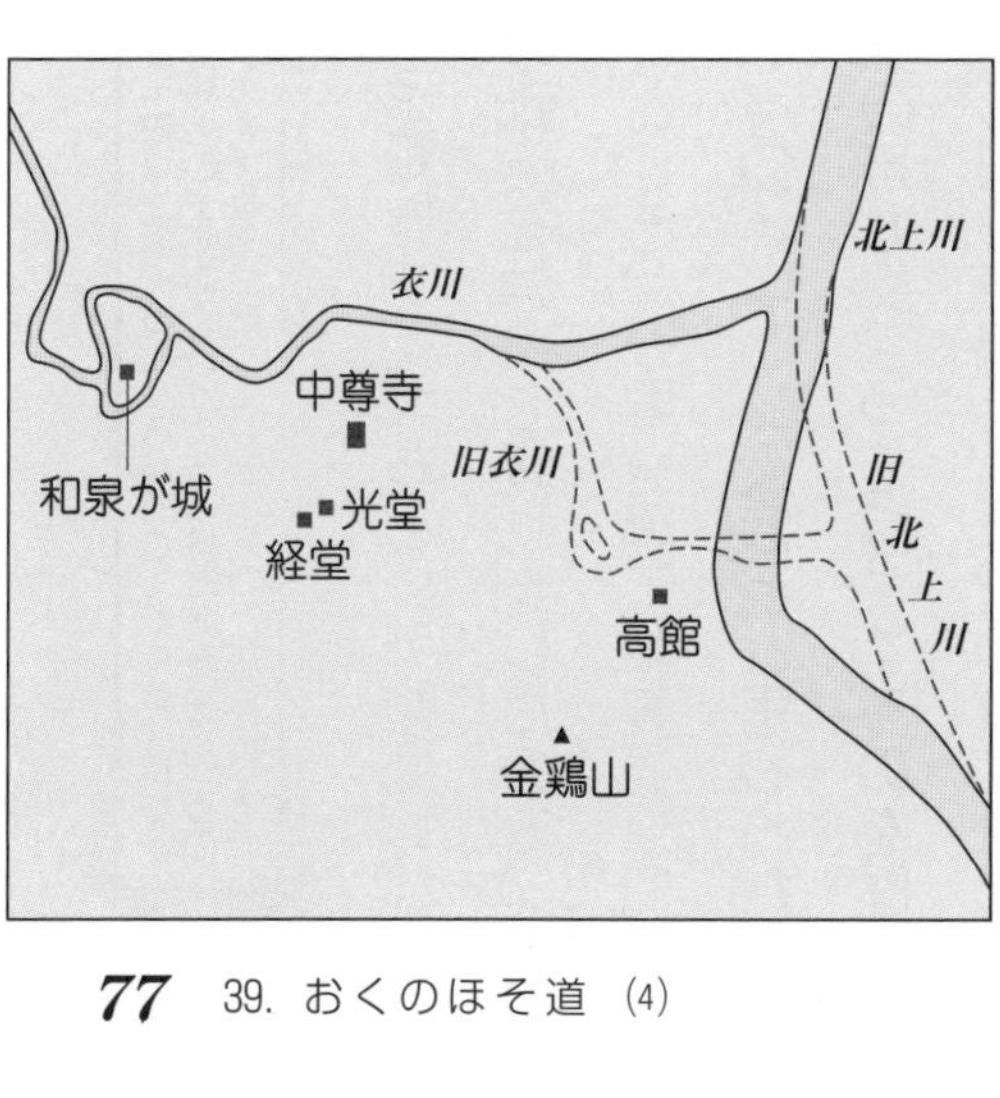

40 おくのほそ道（5）

◆①〜④を口語訳し、文中の会話文（三箇所）の初めと終わりに『　』をつけなさい。

今日は親知らず子知らず・犬もどり・駒《こま》がへしなどいふ北国一の難所を越えて疲《つか》れ侍《はべ》れば、枕引《まくらひ》きよせて寝たるに、一間《ひとま》隔てて表《おもて》の方《かた》に、若き女の声二人ばかりと聞こゆ。年老いたるをのこの声も交りて物語するを聞けば、越後の国新潟《にいがた》といふ所の遊女《いうぢよ》なりし。伊勢参宮するとて、この関までをのこの送りて、明日は故郷《ふるさと》にかへす文《ふみ》したためて、①はかなき言《こと》伝《づて》などしやるなり。白波《しらなみ》のよする汀《なぎさ》に身をはふらかし、海士《あま》の子の世をあさましう下りて、（中略）いかにつたなし　と物いふを、聞く聞く寝入りて、②あした旅立つに、我々に向かひて、行方《ゆくへ》知らぬ旅路《たびぢ》のうさ、余り③おぼつかなう悲しく侍れば、見えがくれ

この関まで：市振の関。
はふらかし：ほうり出す。
海士の子の世をあさましう下りて：海士の子である私たちがひどく落ちぶれて。
見えがくれ：そっと。

大意　寝ようとすると、若い女二人と年取った男との話し声が聞こえてくる。伊勢参宮のため越後から来た一行で、海士の子である自分たちの境遇を嘆いているのを聞きながら寝る。翌朝、同伴を頼まれるが断ってしまったことが気になる。

訳　今日は親知らず子知らず・犬もどり・駒返しなどという北国第一の難所を越えて疲れましたので、枕を引き寄せて寝たところ、一間を隔てた表通り側の部屋で、若い女の声（がして）二人ほどと思われた。（そこへ）年取った男の声も交じって話をするのを聞くと、（二人は）越後の国の新潟という所の遊女であった。伊勢参宮をしようとして（出かけて来たのを）、この関まで男が送って来て、明日は故郷へ帰る（男に）手紙を書いて（託し）、①［　　　］をしてやるのである。白波の寄せるなぎさに身をほうり出し、海士の子である私たちがひどく落ちぶれて、（中略）何と運が悪いのだろう、と物を言うのを、聞きながら寝入って、②［　　］旅立つときに、我々に向かって、どう行っていいかわからない旅がつらく、たいへん③［　　　］悲しくございますので、そっと（あなた方の）後について参りましょう。法衣（を着たお坊様としてのあなた方）のお情けで、（私たちに）仏

にも御跡《おんあと》をしたひ侍らん。衣のうへの御情《おん》け*に、大《だい》（仏の）慈《じ》のめぐみ（大きな慈悲心。）を垂《た》れて結縁《けちえん》せさせ給へ（仏道に縁を結ばせて下さい。）　と泪《なみだ》を落とす。

不便《ふびん》の事には侍れども、我々は所々にてとどまる方多し。ただ人の行くに任せて行くべし。神明《しんめい》の加《か》護《ご》必ずつつがなかるべし（無事に行けるであろう。）　と云ひ捨てて出でつつ（出て来たものの。）、④哀れさしばらく止まざりけらし。

一家《ひとつや》に遊女もねたり萩《はぎ》と月

曽良にかたれば書きとどめ侍る。

＊**衣のうへの御情けに**＝坊様としてのお情けで。芭蕉も曽良も僧の身なりをしていたので、遊女たちは坊様と思ったのである。

の大きな慈悲心の恵みをお与え下さり、仏道に縁を結ばせて下さいと涙を流す。気の毒な事ではありますが、私たちは所々で留まるところが多い。（あなた方は）ただ人の行くのに従って行くのがよい。神様のお守り（によって）必ず無事に行けるであろうと、言い捨てて出て来たものの、④□はしばらくやまなかったことよ。

（私のような世捨人の泊まった）同じ宿屋に、（私の生き方とは対照的な華やかな）遊女も泊まり合わせた。（ときは秋で）外には萩が咲き、月も照らしていて、（この情景はそうした夜にふさわしいものであった）。

（このことを）曽良に話すと、曽良は書き留めました。

41 万葉集

◆枕詞があれば□で囲み、句切れがあれば、上段の和歌のその場所に／を記入しなさい。

(1) *君待つと 吾《あ》が*恋ひをれば *我《わ》がやどの すだれ動かし 秋の風吹く

額田王《ぬかたのおほきみ》

***君待つと**＝あなたのおいでを待って。
***恋ひをれば**＝恋しく思っておりますと。
***我がやどの**＝私の家の戸口の。

訳 あなたのおいでを待って私が恋しく思っておりますと、私の家の戸口のすだれを動かして秋風が吹いてくる。

(2) あしひきの *山川の*瀬の *なるなべに *弓月《ゆつき》が嶽《たけ》に 雲立ちわたる

柿本人麻呂《かきのもとのひとまろ》

***山川**＝山の中を流れる川。 ***瀬**＝浅瀬。
***なるなべに**＝音が高まるにつれて。
***弓月が嶽**＝奈良県の纏向山《まきむくやま》の高峰。

訳 山の中を流れる川の浅瀬の音が高まるにつれて、弓月が嶽に雲が一面にわき立っている。

(3) 銀《しろかね》も 金《くがね》も玉も *何せむに まされる宝 *子にしかめやも

山上憶良《やまのうへのおくら》

***何せむに**＝何になろうか。
***子にしかめやも**＝子どもに及ぶだろうか、いや、及びはしない。

訳 白銀も黄金も珠玉も何になろうか。（これらの）すぐれた宝も子どもに及ぶだろうか、（いや、及びはしない。）

(4) 春の野に　すみれ採《つ》みにと　*来《こ》しわれぞ　*野をなつかしみ　*一夜《ひとよ》寝《ね》にける
山部赤人《やまべのあかひと》

*来しわれぞ＝来た私は。
*野をなつかしみ＝野原から離れがたくて。
*寝にける＝寝てしまったなあ。

(5) *うらうらに　*照れる春日《はるひ》に　ひばり上がり　心*悲しも　*ひとりし思へば
大伴家持《おおとものやかもち》

*うららに＝うららかに。　*照れる＝照っている。
*悲しも＝悲しいのだ。
*ひとりし思へば＝ひとりでもの思いにふけっていると。

(6) 父母《ちちはは》が　*頭《かしら》かきなで　*幸《さ》くあれて　言ひし*言葉《けとば》ぜ　*忘れかねつる
*防人歌《さきもりのうた》

*頭かきなで＝頭をなでて。
*幸くあれて＝無事でいるようにと。
*言葉ぜ＝「言葉ぞ」のなまったもの。言葉が。
*忘れかねつる＝忘れられない。
*防人歌＝九州の警備のために派遣された防人（主に東国の兵士たち）やその家族の歌。

訳　春の野にすみれの花をつみに来た私は、野原から離れがたくて、一晩寝てしまったなあ。

訳　うららかに（光が）照っている春の日に、ひばりが（さえずって空高く舞い）上がっているが、（私の）心は悲しいのだ。ひとりでもの思いにふけっていると。

訳　父母が（私の）頭をなでて、「無事でいるように」と言った言葉が忘れられない。

42 古今和歌集

◇上段の□には和歌の修辞に関する言葉を入れ、①を口語訳しなさい。

(1) 立ち別れ　*いなばの山の　峰に生《お》ふる　*まつとし聞かば　今帰り来む

在原行平《ありはらのゆきひら》

*いなば＝「去《い》なば」(行く)と「因幡」(鳥取県の地名)との□。

*まつ＝□と□の□。□は、「まつ」を導き出すための□である。

(2) *うたたねに　恋しき人を　*見てしより　*夢てふものは　*頼《たの》みそめてき

小野小町《おののこまち》

*うたたね＝うとうと寝ること。

*見てしより＝見てしまってから。

*夢てふものは＝夢というものを。「てふ」は「といふ」の変化したもの。

*頼みそめてき＝頼りにしはじめてしまった。「そめ」は言い切りが「そむ」で、「…はじめる」「はじめて…」の意を表す。現実には恋しい人には会えないが、夢では会えるから、夢を頼りにしたのである。

訳 お別れして、(私は)因幡の国に赴任して行くが、その因幡の山に生えている松という名のように、あなたが私を待っていると聞いたなら、すぐにでも帰って来よう。

訳 うたた寝した時に恋しい人を見てしまってからは、夢というものを頼りにしはじめてしまった。

(3) 秋＊来《き》ぬと　目にはさ＊やかに　見えねども　風の音にぞ　①おどろかれぬる

藤原敏行《ふぢはらのとしゆき》

＊秋来ぬと＝秋が来ていると。　＊さやかに＝はっきりと。

(4) ＊むすぶ手の　しづくににごる　山＊の井の　飽＊《あ》かでも人に　別れぬるかな

紀貫之《きのつらゆき》

＊むすぶ手＝水をすくい上げる手。
＊山の井＝山の井(山の泉)は水が少なく浅いため、水をすくった手から落ちるしずくでもにごってしまう。第三句までは、「飽かでも」を導き出すための□である。
＊飽かでも＝「飽か」は、□に飽きる意と、□に飽きる意の□である。

(5) ＊ひさかたの　月＊の桂《かつら》も　秋はなほ　も＊みぢすればや　照りまさるらむ

壬生忠岑《みぶのただみね》

＊ひさかたの＝□の□である。
＊月の桂＝月の中にあるという伝説上の木で、春に花を咲かせ、秋に紅葉するといわれている。
＊もみぢすればや＝紅葉するからなのだろうか。

訳 秋が来ていると目にははっきり見えないけれども、風の音を聞くと、(ふと、秋が来ているのだなと)①□。

訳 水をすくい上げる手から落ちるしずくのために水がにごる山の井は、飽きるまで水が飲めないように、満足もしないうちにあなたとお別れしてしまうのですね。

訳 月の中にある桂の木も(地上の木と同じように)秋にはやはり紅葉するからなのだろうか、(月の光が)いっそう明るくなってくる。

43 新古今和歌集

◇**上段の□には和歌の修辞に関する言葉を入れ、句切れがあれば、上段の和歌のその場所に／を記入しなさい。**

(1) むかし思ふ　草のいほりの　夜の雨に　涙なそへそ　山ほととぎす

藤原俊成《ふぢはらのとしなり》

＊**草のいほり**＝草木で作った仮小屋。草庵《そうあん》。
＊**なそへそ**＝涙を加えてくれるな。「な…そ」で禁止を表す。
＊**山ほととぎす**＝最後が「山ほととぎす」という名詞で終わっている□の歌である。

(2) 心なき　身にもあはれは　知られけり　鴫《しぎ》立つ沢の　秋の夕暮れ

西行《さいぎやう》

＊**心なき**＝風情を理解しない。西行は出家して、喜怒哀楽の心を捨て去っていることによる。
＊**あはれ**＝しみじみとした情趣。
＊**知られけり**＝自然とわかるよ。
＊**鴫立つ沢**＝しぎが飛び立っていく水辺。

訳 昔のことをしみじみと思い出して（涙を流して）いる草庵の夜の雨に、涙を加えてくれるな、（悲しげに鳴く）山ほととぎすよ。

訳 風情を理解しない（出家の）身にもしみじみとした情趣は自然とわかるよ。しぎが飛び立っていく水辺の秋の夕暮れ（を眺めていると）。

(3)　山深み　春とも知らぬ　松の戸に　たえだえかかる　雪の玉水

式子内親王《しょくしないしんのう》

＊**山深み**＝山が深いので。「み」は「が…なので」の意。
＊**松の戸**＝松の枝を集めて作った粗末な戸。
＊**たえだえかかる**＝とぎれがちに落ちかかる。
＊**雪の玉水**＝雪解けの玉のようなしずく。

(4)　駒とめて　袖《そで》うちはらふ　かげもなし　佐野《さの》の　わたりの　雪の夕暮れ

藤原定家《ふぢはらのていか》

＊**駒**＝馬。　＊**袖うちはらふ**＝袖についた雪を払う。
＊**かげ**＝家や木の陰。物陰。
＊**わたり**＝あたり。

(5)　志賀の浦や　遠ざかり行く　波間より　こほりて出づる　有明の月

藤原家隆《ふぢはらのいへたか》

＊**志賀の浦や**＝志賀の浦は琵琶湖《びわこ》の湖畔《こはん》。「や」は感動を表し、「…よ」と訳す。
＊**遠ざかり行く波間**＝岸から凍るので、夜がふけるに従い、岸から遠のいて行く波のこと。
＊**有明の月**＝夜明け方まで空に残っている月。

訳　山が深いので、春になったともわからない松の戸(のある所)に、とぎれがちに落ちかかる雪解けの玉のようなしずくよ。

訳　馬をとめて袖についた雪を払う物陰もない。佐野のあたりの(白一色の)雪の夕暮れよ。

訳　志賀の浦よ。(湖面が凍るため次第に岸から)遠のいて行く波間から、凍ったようにさえて出てくる有明の月だなあ。

44 実戦模擬テスト(1)

■十《じっ》訓《きん》抄《しょう》

◇次の文章を読んで、あとの問いに答えなさい。

禽虫《きんちゅう》のたぐひ恩を知れるためし是《これ》多し。(鳥や虫などが恩を理解している例) 漢の武帝昆明池《こんめいち》に(昆明池にお出かけになった時に)①あそびたまふに、一つの鯉《こひ》の鉤《こう》を含みて死なんとするあり。(釣針をくわえて死にそうにしているのがいた) ②帝これを見て、人をしてときはなち給《たま》へり。(臣下に命じて《釣針を外して池に》お放しになった) 其《そ》の夜帝の夢中に(夢の中に)鯉来《きた》りて悦《よろこ》びけり。(現れて感謝した) 次の日池に幸《かう》し給ひけるに、(池にお出かけになった時に) 昨日の鯉の明月珠《めいげつしゅ》を含みて、(明月のような光を発する宝石をくわえて来て) 池の辺《へ》に置きて去りぬ。(池の岸に置いて去った) そののち彼《か》の池の③釣魚《てうぎよ》をとどめられけり。(その池で魚を釣ることを)

問一　――線部①の主語として適当なものを次から選び、記号で答えなさい。

ア　鳥や虫など　イ　漢の武帝　ウ　鯉　エ　臣下

問二　――線部②で帝が見た鯉はどのような様子だったか。「様子。」に続くように十字以上十五字以内の現代語で書きなさい。

問三　――線部③の意味として適当なものを次から選び、記号で答えなさい。

ア　悲しみなさった
イ　喜びなさった
ウ　禁じなさった
エ　認めなさった

〔岐阜〕

〈最近の主な高校の入試出題歴〉

- 宮城県
- 秋田県
- 山形県
- 福島県
- 群馬県
- 埼玉県
- 神奈川県立横須賀高
- 長野県
- 岐阜県
- 愛媛県
- 長崎県
- 愛光高
- 海城高
- 高田高
- 東大寺学園高
- 灘高
- 洛南高

訳　鳥や虫などが恩を理解している例は多い。漢の武帝が昆明池にお出かけになった時に、一匹の鯉が釣針をくわえて死にそうにしているのがいた。武帝がこれを見て、臣下に命じて(釣針を外して池に)お放しになった。その夜、武帝の夢の中に鯉が現れて感謝した。次の日に(帝が)池にお出かけになった時に、昨日の鯉が明月のような光を発する宝石をくわえて来て、池の岸に置いて去った。そののち、その池で魚を釣ることを③。

問一 □

問二 □□□□□□□□□□□□□□□ 様子。

問三 □

45 実戦模擬テスト（2）

■十《じっ》訓《きん》抄《しょう》

◆次の文章を読んで、あとの問いに答えなさい。

ある国の王、隣国をうたむとす。老臣、①これをいさめ申していはく、「庭園の楡《にれ》の木の上に、蝉《せみ》、露を飲まむとす。うしろに蟷螂《たうらう》のとらへむとするを知らず。蟷螂、また蝉をのみまもりて、うしろに黄雀《くわうじやく》のとらへむとするのを②知らず。黄雀、また蟷螂をのみまもりて、楡のもとに弓を引いて、［A］のとらへむとするを知らず。童子、また黄雀をのみまもりて、前に深き谷、うしろに掘り株のあることを知らずして、身をあやまてり。これみな、前の利をのみ思ひて、③うしろの害をかへりみざるゆゑなり。」と申せり。④王、この時、悟りを開きて、隣国を攻むといふこと、とどまりたまひぬ。

注　**蟷螂**＝かまきり。　**まもりて**＝見つめて。　**黄雀**＝すずめ。

問一　——線部③を現代仮名遣いに直し、すべて平仮名で書きなさい。

問二　——線部①で老臣はどのようなことに対していさめたのか。「……こと。」に続くように十字以上二十字以内の現代語で書きなさい。

問三　——線部②の主語として適当なものを次から選び、記号で答えなさい。

ア　王　**イ**　蝉　**ウ**　蟷螂　**エ**　黄雀

問四　［A］に当てはまる二字の言葉を、文中から抜き出して書きなさい。

問五　——線部④で、王は、この時、老臣の言葉を聞いて心を動かされ、考えを改めた。王は、老臣からどのようなことを聞いて心を動かされたのか。老臣の言葉の中心となる内容をまとめて、「……ということ。」に続くように二十五字以上三十五字以内の現代語で書きなさい。

〔愛媛〕

訳　ある国の王が、隣の国を攻めようとした。老臣が、これをいさめ申し上げて言うことには、「庭園の楡の木の上で、蝉が、露を飲もうとした。うしろでかまきりがつかまえようとするのを（蝉は）知らない。かまきりは、また蝉をだけ見つめて、うしろですずめがつかまえようとするのを知らない。すずめは、またかまきりをだけ見つめて、楡の根元で弓を引いて、［A］がつかまえようとするのを（すずめは）知らない。子どもは、またすずめをだけ見つめて、前方に深い谷、うしろに掘った株があることを知らないで、身を危険な状態にしている。これはすべて、目先の利益だけに心を奪われて、うしろの損害を気にかけないからである。」と申し上げた。王は、この時、（老臣の言葉に）納得して、隣の国を攻めることを、思いとどまりなさった。

問一

問二　こと。

問三

問四

問五　ということ。

46 実戦模擬テスト（3）■宇治拾遺物語

◆次の文章を読んで、あとの問いに答えなさい。

これも今は昔、ある僧、人のもとへ行きけり。酒など勧めけるに、氷魚《ひお》は《氷魚が捕れ》じめて出《い》で来たりければ《始めた時期だったので》、①あるじ珍しく思ひて、もてなしけり。あるじ用事ありて、内《奥の部屋》へ入りて、また出でたりけるに、この氷魚の、殊《こと》の外《ほか》に少なくなりたりければ、あるじ、いかにと《どうしたことか》思へども、②いふべきやうもなかりければ《何とも言いようがなかったので》、③物語《雑談》しゐたりけるほどに、④この僧の鼻より、氷魚の一つ、ふと出でたりければ、あるじ、怪《あや》しう覚えて《不審に思って》、「その鼻より氷魚の出でたるは、いかなることにか」といひければ、取りもあへず《すかさず》、⑤「このごろの氷魚は、目鼻より降りさぶらふなるぞ《降ってくるそうですよ》」といひたりければ、人皆、はと《わっと》笑ひけり。

注 **氷魚**＝ひうお。鮎《あゆ》の稚魚。体長は二、三センチメートルで、色が白い。

問一 ——線部①の意味として適当なものを次から選び、記号で答えなさい。

ア 僧はあるじとの面会を珍しく思い、氷魚を土産に持ってきた。
イ 僧は氷魚を珍しく思って、あるじに土産として持ってきた。
ウ あるじは僧の訪問を珍しく思い、氷魚を僧にごちそうした。
エ あるじは氷魚を珍しく思って、氷魚を僧にごちそうした。

〈最近の主な高校の入試出題歴〉
- 青森県
- 茨城県
- 埼玉県
- 神奈川県立柏陽高
- 神奈川県立横須賀高
- 島根県
- 市川高
- 國學院高
- 東大寺学園高

〈宇治拾遺物語〉

問二 ——線部②からだれに対するどのような気持ちが読み取れるか。適当なものを次から選び、記号で答えなさい。

ア 僧に対する遠慮の気持ち。

イ 僧に対する怒りの気持ち。

ウ あるじに対する感謝の気持ち。

エ あるじに対する親しみの気持ち。

問三 ——線部③を現代仮名遣いに直しなさい。ただし、「物語」は漢字のままでよい。

問四 ——線部④は僧がどうしたことの結果か。二十字以内で答えなさい。

問五 ——線部⑤の説明として適当なものを次から選び、記号で答えなさい。

ア 僧が事実をあやふやにして、他人に罪をなすりつけようとしている。

イ 僧が見えすいた嘘《うそ》をついて、この場を取りつくろおうとしている。

ウ 僧がもっともな弁解をして、自分の正当性を主張しようとしている。

エ 僧が世間の噂《うわさ》を紹介して、その正しさを証明しようとしている。

〔島根〕

訳 これも今ではもう昔のことだが、ある僧が人のところへ行った。(その家の主人が)酒などを勧めたが、氷魚が捕れ始めた時期だったので、①。主人が用事があって、奥の部屋へ入って、また出て来て(みる)と、この氷魚が、意外にも少なくなっていたので、主人は、どうしたことかと思ったけれども、何とも言いようがなかったので、(僧と)雑談しているうちに、この僧の鼻から、氷魚が一匹、思いがけずに出てきたので、主人は、不審に思って、「(あなたの)その鼻から氷魚が出てきたのは、どうしたことですか」と言うと、(僧は)すかさず、「このごろの氷魚は、目鼻から降ってくるそうですよ」と言ったので、(それを聞いた)人はみな、わっと笑った。

問一

問二

問三

問四

問五

47 実戦模擬テスト (4) ■ 古今著聞集《ここんちょもんじゅう》

◇次の文章を読んで、あとの問いに答えなさい。

平等院の僧正、諸国修行の時、摂津の国住吉のわたりにいたり給ひて、斎《とき》料《れう》のつきにければ、神主国基が家におはして、経をよみて立ち給ひたりけり。その声微妙《みめう》にして、聞く人①たふとみあへりけり。国基、御斎料奉るとて、「いづかたへすぎさせ給ふ修行者ぞ。御経たふとく侍《はべ》り。今夜ばかりはここにとどまり給へかし。御経の聴聞《ちやうもん》ⓐつかまつらん」といはせたりければ、とかくの返事をⓑばのたまはず、うたをよみ給ひける、

世をすてて宿もさだめぬ身にしあればすみよしとてもとまるべきかは

かくいひて通り給ひぬ。

その後、天王寺の別当になりて、かの寺におはしましける時、国基参りて、天王寺と住吉との境《さかひ》のあひだの事申し入れけるに、「しばし候《さぶら》へ」とて、②あやしく御前へめされければ、③かしこまりつつ参りたりけるに、僧正、明障子《あかりしやうじ》ひきあけさせ給ひて、「あのすみよしとてもとまるべきかはは、いかに」と仰《おほ》せられたりけるに、国基あきれまどひて、申すべき事も申さで、取り袴《ばかま》してにげにけり。④いと興あることとなり。

注 **斎料**＝僧侶《そうりょ》の食事のための費用。 **微妙**＝非常にすばらしいさま・たとえようもないほど美しいさま。 **天王寺と住吉との境のあひだの事**＝天王寺と住吉大社の間での、領地の境界に関するもめごと。 **明障子**＝現在の障子と同じもの。 **取り袴して**＝袴のすそを踏まないように、腰の辺りの布を持ち上げて。

〈最近の主な高校の入試出題歴〉

- 埼玉県
- 東京学芸大附高
- 神奈川県立小田原高
- 長野県
- 岐阜県
- 鳥取県
- 熊本県
- 大分県
- 海城高
- 洛南高

〈古今著聞集〉

訳 平等院の僧正が、諸国を修行している時に、摂津の国の住吉の辺りに到着しなさって、斎料が尽きてしまったので、（布施を受けるために）（住吉大社の）神主の国基の家にいらっしゃって、読経して立ちなさっていた。その声が非常にすばらしくて、聞いている人はありがたがった。国基は御斎料を差し上げようとして、「どちらへ行きなさる修行の方ですか。御経はありがたいものです。今夜はここにお泊りなさいませ。御経を聴かせていただきましょう」と（家の者に）言わせたところ、（僧正は）何も返事をおっしゃらずに、和歌

問一 ――線部ⓐⓑについて、

(1) ――線部ⓐは「する」という意味の動詞の謙譲語である。この語を現代語で表しなさい。

(2) ――線部ⓑと同じ意味の尊敬語を文中から抜き出し、言い切りの形で答えなさい。

問二 ――線部①を漢字仮名まじりの文に書き直しなさい。

問三 ――線部②と③の意味として適当なものを次から選び、記号で答えなさい。

② ア 疑わしく　イ 不吉にも　ウ もったいなく
エ みすぼらしく　オ 思いがけなく

③ ア 謝罪しながら　イ 恐縮しながら　ウ 不平を言っては
エ 涙にくれながら　オ 物思いにふけっては

問四 文中の和歌には、「掛詞」という、同音異義を用いて別の意味を表す技巧が使われている。(1)どの語に、(2)どのような意味とどのような意味とが掛けられているか、簡潔に説明しなさい。

問五 ――線部④ではどういう点が「興ある(面白い)」のか。次の文の□に入れるのに適当なことばを、文中から抜き出して答えなさい。

□1に、□2の神主国基が、もめごとの話し合いに行くと、その別当が、昔彼に□3の施しを願いに来た□4であったことを、□5というその時詠《よ》んだ和歌の言葉によって知り、国基が何も言えずに大あわてで逃げて行った点。

問六 この出典は「古今著聞集」という中世(鎌倉～室町)の説話である。次の作品から中世の作品でないものを一つ選び、記号で答えなさい。

ア 宇治拾遺物語　イ 徒然草　ウ 今昔物語集
エ 方丈記　オ 平家物語

〔洛南高〕

を詠《よ》みなさった、

世を捨てて住む場所も定めない(出家の)身であるので、この住吉の地が住み良いからといって、泊まってよいであろうか、いや、泊まるべきではない。

このように言って通り過ぎなさった。

その後、(僧正が)天王寺の別当になって、例の寺にいらっしゃった時に、国基が参上して、天王寺と住吉大社の間での領地に関するもめごとのことを申し入れたところ、「しばらくお待ち下さい」と言って、②(別当の)御前へお招きになられたので、③参上したところ、僧正は、明障子をお開けになって、「あの『すみよしとてもとまるべきかは』(の歌)は、どうでしたか」とおっしゃられたので、国基は(僧正が昔の修行僧だったということに)あきれあわてて、申し上げる事も申し上げないで、取り袴して逃げてしまった。たいそうおもしろいことである。

問一		問二	問三		問四		問五					問六
ⓐ	ⓑ		②	③	(1)	(2)	1	2	3	4	5	

48 実戦模擬テスト(5) ■枕草子

◆次の文章を読んで、あとの問いに答えなさい。

村上の先帝の御時《以前の天皇の村上天皇の頃》に、雪の①いみじう降りたりけるを《降ったのを》、様器に盛らせ給ひて《おのせになって》、梅の花をさして、月のいと明かきに、②「これに歌よめ。いかが言ふべき《どのように詠んだらよいだろうか》。」と兵衛の蔵人に賜はせたりければ《お与えになって》、「雪月花の時。」と奏したりけるを《申し上げたのを》こそ、いみじう、③めでさせ給ひけれ。「歌などよむは世の常なり《歌などを詠むのは世間では普通のことである》。④かくをりにあひたることなむ言ひがたき《言えないものだ》。」とぞ仰せられける。

同じ人を御供にて、殿上に人さぶらはざりけるほど《殿上の間でだれもお側にいない時に》、たたずませ給ひける《たたずんでいらっしゃると》に炭櫃にけぶりの立ちければ《煙が立ち上がったので》、「かれはなにぞ《あれは何か》と見よ。」と仰せられければ(a)、見て(b)帰り参りて(c)、

わたつ海の沖にこがるるもの見れば《(炭櫃のおきに焦げているのを見ますと)海の沖に漕がれているものを見ますと》あまの釣してかへるなりけり《それは漁師が釣りをして帰るのでした》

と奏しけるこそ⑤をかしけれ。(A)の飛び入りて焼くる(d)なりけり。

注 **様器**＝食器・食器を載せる台。 **兵衛の蔵人**＝女房の名。 **「雪月花の時。」**＝『白氏文集』に「雪月花の時、最も君を憶ふ。」(白楽天)とあるのによる。 **炭櫃**＝(四角い)火鉢。

〈最近の主な高校の入試出題歴〉

- 都立立川高
- 富山県
- 長野県
- 愛知県
- 鳥取県
- 沖縄県
- 国立工業・商船・電波高専
- 高田高
- 東海大付相模高
- 堀越高

〈枕草子〉

訳 以前の天皇の村上天皇の頃《ころ》、雪が①降ったのを、様器に(天皇が)おのせになって、梅の花をさして、月がたいそう明るい時に、「これに歌を詠《よ》め。どのよう

問一　――線部①の意味として適当なものを次から選び、記号で答えなさい。
ア　少しずつ　イ　趣深く　ウ　美しく　エ　たいそう

問二　――線部②は何を指すか。適当なものを次から選び、記号で答えなさい。
ア　村上の先帝　イ　兵衛の蔵人
ウ　盛られた雪と梅　エ　煙の立つ炭櫃

問三　――線部③の現代語訳として適当なものを次から選び、記号で答えなさい。
ア　めでたいと言った　イ　おほめになった
ウ　珍しいと言った　エ　お叱りになった

問四　――線部④は兵衛の蔵人の和歌についての評価である。内容として適当なものを次から選び、記号で答えなさい。
ア　このように偶然に出来るもの
イ　このように流行をとらえたもの
ウ　このように当たり前の内容であるもの
エ　このように状況や時にかなったもの

問五　＝＝線部a～dのうち、「村上の先帝」を主語とするものの記号を答えなさい。

問六　――線部⑤のように感じているのはだれか。適当なものを次から選び、記号で答えなさい。
ア　作者　イ　あま　ウ　御供　エ　村上の先帝

問七　「わたつ海の～かへるなりけり」の和歌には掛詞（「漕《こ》がるる」と「焦《こ》がるる」のように二つの意味を詠みこむ表現法）が用いられている。このことから（A）に入るべき適当な言葉を次から選び、記号で答えなさい。
ア　あま　イ　蛙　ウ　綿　エ　炭

問八　「枕草子」と同じジャンルの作品を次から選び、記号で答えなさい。
ア　徒然草　イ　奥の細道　ウ　万葉集　エ　竹取物語

〔東海大付相模高〕

に詠んだらよいだろうか。」と兵衛の蔵人にお与えになって、（兵衛の蔵人は）「雪月花の時。」と申し上げたのを、（天皇が聞いて）[①]、[③]。「歌などを詠むのは世間では普通のことである。[④]は言えないものだ。」とおっしゃった。

（天皇が）同じ人〔兵衛の蔵人〕をお供に連れて、殿上の間でだれもお側にいない時に、たたずんでいらっしゃると、炭櫃に煙が立ち上がったので、「あれは何か見てこい。」とおっしゃったので、（兵衛の蔵人が）見て帰って（天皇のもとへ）参上して、

海の沖に漕がれているものを見ますと、それは漁師が釣りをして帰るのでした。（炭櫃のおき〔赤くおこった炭火のこと〕に焦げているのを見ますと、それは[問七]でした。）

と（天皇に）申し上げたのは趣深い。[A]が飛び込んで焼けたのであった。

問一	
問二	
問三	
問四	
問五	
問六	
問七	
問八	

◇次の文章を読んで、あとの問いに答えなさい。

①筑紫に、なにがしの押領使《おうりようし》などいうやうなるものありけるが、②土おほねをよろづにいみじき薬とて、朝ごとに[A]つづつ焼きて食ひけること、③年久しくなりぬ。

ある時、館《たち》の内に人もなかりける隙《ひま》を測りて、敵《かたき》襲ひ来たりて囲み攻めけるに、館の内に④つはもの二人出で来て、命を惜しまず戦ひて、皆追ひ返してけり。いと不思議に覚えて、日ごろここにものしたまふ(いらっしゃる)とも見ぬ人々の、⑤かく戦ひしたまふは、いかなる人ぞと問ひければ、年ごろ頼みて、⑥朝な朝な召⑦しつる土おほねらに⑧さぶらふと言ひて、失せにけり。

深く[B]を致しぬれば、かかる[C]もありけるにこそ。

問一 ――線部①について、次の問いに答えなさい。
(1) 読み方をひらがなで答えなさい。
(2) 現在のどの地方に当たるか。漢字二字で答えなさい。

問二 ――線部②の「おほね」とは何のことか。漢字で答えなさい。

問三 [A]に入る漢数字を答えなさい。

問四 ――線部③を現代語に訳しなさい。

〈最近の主な高校の入試出題歴〉

- 北海道
- 秋田県
- 福島県
- 群馬県
- 東京都
- 都立日比谷高
- 都立青山高
- 都立西高
- 石川県
- 山梨県
- 愛知県
- 京都府
- 奈良県
- 和歌山県
- 鳥取県
- 島根県
- 岡山県立岡山朝日高
- 徳島県
- 大分県
- 慶應義塾女子高
- 拓殖大第一高
- 多摩大目黒高
- 堀越高
- 早実高等部

〈徒然草〉

訳 筑紫に、なにがしという押領使[諸国の暴徒や盗賊《とうぞく》を取り締まる役人]というような役人がいたが、②を何にでもきくすばらしい薬だといって、毎朝[A]つずつ焼いて食べることが、③。

ある時、屋敷の中にだれもいないすきをねらって、敵が襲ってきて(周囲を)囲んで攻めてきたところ、屋敷の中に④が二人出てきて、命を惜しむことなく戦って、(敵を)すべて追い返した。(押領使は)たいそう

問五　第一段落に、仮名遣いを誤った単語が二つある。その単語を抜き出し、正しい仮名遣いに直して答えなさい。

問六　――線部⑤の「の」は、現代語ではどういう助詞に置き換えられるか。ひらがなで答えなさい。

問七　――線部④と⑥の意味を、いずれも漢字二字で答えなさい。

問八　――線部⑦は現代語の「召し上がる」に、⑧は「ございます」に当たる。それぞれの敬語の種類を、「語」につながるように、いずれも漢字二字で答えなさい。

問九　押領使の言った言葉を抜き出し、始めと終わりのそれぞれ三字を答えなさい。

問十　[B]、[C]に入る言葉として適当なものを次から選び、記号で答えなさい。

ア 善　イ 孝　ウ 徳　エ 欲　オ 楽
カ 罪　キ 信　ク 仁　ケ 愛　コ 悪

問十一　「徒然草」について、次の問いに答えなさい。

(1) 「徒然草」が書かれた時代を次から選び、記号で答えなさい。

ア 奈良時代　イ 平安時代　ウ 鎌倉時代
エ 室町時代　オ 江戸時代

(2) 「徒然草」は、文学史上で、どのジャンルに分類されるか。次から選び、記号で答えなさい。

ア 伝奇物語　イ 歌物語　ウ 日記文学　エ 歴史物語
オ 説話集　カ 軍記物語　キ 随筆文学　ク 紀行文学

〔早稲田実業高等部〕

不思議に思って、ふだんはここにいらっしゃるとも思えない人々[⑤]、このように戦いなさったのは、どういう方ですかと尋ねると、長年（あなたが）信頼して、[⑥]召し上がっていた[②]にございますと言って、いなくなってしまった。

深く[B]を致しているので、このような[C]もあったのであろう。

問一　(1)　(2)
問二
問三
問四
問五　↓　↓
問六
問七　④　⑥
問八　⑦（語）　⑧（語）
問九　〜
問十　B　C
問十一　(1)　(2)

本書に関する最新情報は，当社ホームページにある本書の「サポート情報」をご覧ください。(開設していない場合もございます。)

中学／古文まとめノート

編著者　中学教育研究会
発行者　岡本明剛
印刷所　寿印刷株式会社

発行所

© 株式会社 増進堂・受験研究社
大阪市西区新町2丁目19番15号
電話 (06) 6532-1581(代)
FAX (06) 6532-1588　〒550-0013

⬅ひっぱると，はずして使えます。

まとめノート 中学 古文

yangotonashi awarenari fumi okashi

解答編

解答編の使い方

別冊解答編は、本文4ページ分を1ページに収めた2色刷《ずり》の解答にしてあります。本書の答え合わせをした後に、巻頭《かんとう》につけてある赤いフィルターを、上にのせれば答えの赤い文字が消え、何度でも繰《く》り返し重要事項をチェックすることができます。また、第2・第3章は古文の音読練習としても使うことができます。繰り返しチェックして、重要事項を身につけるようにしてください。

1 ① 文語文法 古文の仮《か》名《な》遣《づか》い ― 歴史的仮名遣い ―

◆歴史的仮名遣いとは

現代文に使われている仮名遣いを「**現代仮名遣い**」というのに対し、古文で使われているものを「**歴史的仮名遣い**」という。これは平安時代の発音に基づく表記になっているため、私たちが古文を読むときには、次のような点に注意する必要がある。高校入試では、❶・❷・❹がよく出題される。

チェックポイント▼歴史的仮名遣い

❶ 語中・語尾の「は・ひ・ふ・へ・ほ」は「ワ・イ・ウ・エ・オ」と読む。

例 あ**は**れ → あ［ワ］れ
に**ほひ** → に**オイ**
わら**ふ** → わら**ウ**
いにし**へ** → いにし［エ］

❷ ワ行の「わ・**ゐ**・う・**ゑ**・**を**」は「わ・**イ**・う・**エ**・**オ**」と読む。

例 ま**ゐ**る → ま**イ**る
こ**ゑ** → こ［エ］
をとこ → **オ**とこ

❸ 「ぢ・づ」は「ジ・ズ」と読む。

例 なん**ぢ** → なん［ジ］
わ**づ**か → わ**ズ**か

❹ ア・イ・エ段の仮名の下に「う・ふ」が続くときは、

(1) ア段＋う・ふ → オ段＋ウ
例 **あふ**み → ［オウ］み
(2) イ段＋う・ふ → イ段＋ユウ
例 かな**しう**す → かな**シュウ**す
(3) エ段＋う・ふ → イ段＋ヨウ
例 **けふ** → ［キョウ］

と読む。

❺ 「くわ・ぐわ」は「カ・ガ」と読む。

例 **くわ**じ → **カ**じ
ぐわいじん → ［ガ］いじん

❻ 語中の「む」は「ン」とも読む。

例 何せ**む** → 何せ**ン**

例題 次の各文の太字を現代仮名遣いに直して［　］の中に書きなさい。

(1) かるが**ゆゑ**［ゆえ］に、二つながらこれを**失ふ**［失う］。
(2) 竹を取りつつ、**よろづ**［よろず］の　ことに**使ひけり**［使いけり］。
(3) 三寸ばかりなる人、いと**うつくしう**［うつくしゅう］て　**ゐたり**［いたり］。
(4) **やうやう**［ようよう］白くなりゆく**山ぎは**［山ぎわ］、……。
(5) 物に**おそはるるやうにて**［おそわるるようにて］、　**あひ戦はむ**［あい戦わん］心も……。
(6) 今**くわきふ**［かきゅう］の事ありて、既に**てうせき**［ちょうせき］〈朝夕〉に迫れり。
(7) 親のもとへ帰り行くに、道に人の**ゐていふやう**［いていうよう］、……。

口語訳

(1) このために、二つとも失ってしまう。
(2) 竹を取っては、いろいろな物を作るのに使っていた。
(3) 三寸ほどの人が、とてもかわいらしい様子で座っていた。
(4) だんだん白みがかってくる山ぎわが、……。
(5) 何かに襲われたようになって、対戦しようという気持ちも……。
(6) 今すぐにやらなければならないことがあって、もはや今朝か今晩かというほど間近に迫っている。
(7) 親のもとに帰って行くと、道に人がいて言うには、……。

2 ① 文語文法 古語の省略

◆主語や述語の省略

現代文でも古文でも、文の中で最も基本になるのが「主語—述語」（何が—どうする・何が—どんなだ・何が—何だ）の関係である。古文では、この**主語や述語が省略される**ことがある。高校入試では、省略されている主語を答えさせる設問がよく出題される。

チェックポイント▼主語や述語の省略

❶ 主語が省略されている場合

例 今は昔、竹取の翁《おきな》といふものありけり。野山にまじりて竹を取りつつ、よろづのことに使ひけり。➡今は昔、竹取の翁といふものありけり。［竹取の翁］野山にまじりて竹を取りつつ、よろづのことに使ひけり。

訳 今ではもう昔のことだが、竹取の翁という人がいた。（竹取の翁が）野や山に分け入って竹を取っては、いろいろな物を作るのに使っていた。

❷ 述語が省略されている場合

例 夏は夜。月のころはさらなり、やみもなほ、蛍《ほたる》の多く飛びちがひたる。また、ただ一つ二つなど、ほのかにうち光りて行くもをかし。➡夏は夜［をかし］。月のころはさらなり。闇もなほ、蛍の多く飛びちがいたる［をかし］。……て行くもをかし。

訳 夏は夜（が趣深い）。月のころはいうまでもなく、やみ夜もやはり、蛍がたくさん乱れ飛んでいる（のが趣深い）。また、たった一匹か二匹ぐらい、かすかに光って飛んでいくのも趣深い。

◆助詞「が」や「を」の省略

現代文の助詞に「が」や「を」があるように、古文にも「が」（主語を表す）や「を」（動作の対象・経過する場所や時・動作の起点などを表す）という格助詞がある。古文では、この「が」や「を」が省略されていることが多い。口語訳するときは、これらを補って訳す必要がある。

チェックポイント▼助詞「が」や「を」の省略

❸ 助詞「が」や「を」が省略されている場合

例 その山、見るにさらに登るべきやうなし。その山のそばひらをめぐれば、世の中になき花の木ども立てり。金《こがね》・銀《しろかね》・瑠璃《るり》色の水、山より流れいでたり。それには、色々の玉の橋渡せり。その辺りに、照り輝《かがや》く木ども立てり。➡その山［を］、見るにさらに登るべきやうなし。その山の……木ども［が］立てり。金・銀・瑠璃色の水［が］、山より流れいでたり。それには、色々の玉の橋［が］渡せり。その辺りに、照り輝く木ども［が］立てり。

訳 その山を、見ると、まったく登りようがない。その山の崖《がけ》のすそを回ってみると、この世にはないような花の木々が立っている。金や銀や瑠璃色の水が、山から流れ出ている。その流れには、色々の玉でできた橋がかかっている。その近くには、光り輝く木々が立っている。

例題 次の各文の［　］に省略されている言葉を書きなさい。

(1) ある人［が］犬の子をいといたはりけるにや、その主人［が］外より帰りける時、かの犬の子［が］そのひざにのぼり、胸に手［を］あげ、口のほとりをなめまわる。
(2) （かぐや姫に）ふと天《あま》の羽衣《はごろも》［を］うち着せたてまつりつれば、［かぐや姫(は)］翁《おきな》をいとほしくかなしとおぼしつることも失《う》せぬ。この衣《きぬ》［を］着つる人は、物思ひ［が］なくなりにければ、［かぐや姫(は)］車に乗りて、百人ばかり天人［を］具して昇りぬ。

口語訳

(1) ある人が犬の子をたいそう心をこめて育てていたのであろう、その主人が外から帰って来たとき、その犬の子が主人のひざにのぼり、胸に前足をかけて、口のあたりをなめた。
(2) （かぐや姫に）さっと天の羽衣を着せ申し上げたところ、かぐや姫は翁を気の毒でふびんだとお思いになっていたことも消えてしまった。この衣を着てしまった人は、物思いがなくなってしまったので、かぐや姫は車に乗って、百人くらいの天人を連れて昇ってしまった。

3 ①文語文法 活用する古語

◆**活用する古語**

中学校で学習する口語文法と同じように、古文の文法(文語文法)にも活用する単語として、**動詞・形容詞・形容動詞・助動詞の四つの品詞**がある。中学校では本格的に文語文法については学習しないので、活用表などを覚える必要はない。ただし、四つの品詞を活用させて答えさせる設問が私立高校を中心に出題されることがあるが、左上の表に示した活用形の下に続く言葉を数語覚えておくとほぼ対応できる。

チェックポイント▼古語の活用形

❶ 口語と文語の活用形と下に続く言葉

〈口　語〉	〈続く言葉〉	〈文　語〉	〈続く言葉〉
未然形	ナイ・ウ	未然形	ズ・ム
連用形	マス・タ	連用形	テ・ケリ
終止形	。	終止形	。
連体形	トキ・コト	連体形	トキ・コト
仮定形	バ	已然形《いぜんけい》	ド・ドモ
命令形	。	命令形	。

注・文語では、未然形に「ば」をつけて仮定を表す。

例 雨降ら《未然形》ば行かず。 訳 雨が降ったら行かない。

・連用形には用言(動詞・形容詞・形容動詞)が、連体形には体言(名詞・代名詞)が続くことがある。

・已然形とは、既にそうなっていることを表す形。

例 雨降れ《已然形》ども…。 訳 雨が降ったけれども…。

❷ 古語を活用させてみよう

(1) われ思[は]ズ。
(2) われ思[ひ]テ…。
(3) われ思ふ。
(4) われ思[ふ]トキ…。
(5) われ思[へ]ド…。
(6) きみ思[へ]。
(7) 花落[ち]ム。
(8) 花落[ち]ケリ。
(9) 花落つ。
(10) 花落[つる]コト…。
(11) 花落[つれ]ドモ…。
(12) 花落[ちよ]。
(13) 日出《い》[で]ズ。
(14) 日出[で]テ…。
(15) 日出づ。
(16) 日出[づる]トキ…。
(17) 日出[づれ]ド…。
(18) 日出でよ。
(19) 友と[せ]ズ。
(20) 友と[し]テ…。
(21) 友とす。
(22) 友と[する]トキ…。
(23) 友と[すれ]ドモ…。
(24) 友とせよ。

チェックポイント▼下にある助動詞で活用形が決まる場合

❸ 主な助動詞の接続

前ページにある〈文語〉の各活用形に〈続く言葉〉の中で「ズ(打消)・ム(推量)・ケリ(過去)」が助動詞であるが、ほかにも「タリ(完了)・ラル(自発・可能・受身・尊敬)」などもよく出てくる。「タリ」は連用形、「ラル」は未然形に接続する。助動詞は活用するため、次のような語形で出てくることもある。

ズ…ヌ・ネ／**ム**…メ／**ケリ**…ケル・ケレ

タリ…タラ・タル・タレ

ラル…ラレ・ラルル・ラルレ・ラレヨ

例 (1) [射る]→[射]られて…。 (2) [浮く]→[浮き]たりけり。

例題 次の文の太字を古文に合うように活用させて□の中に書きなさい。〔甲陽学院高〕

美濃《みの》の国にまづしく〔**いやし**〕a[いやしき]男ありけり。〔**老ゆ**〕b[老い]たる父を持ちたりけると、(中略)父、朝夕あながちに酒を〔**愛づ**〕c[愛で]《め》ほしがりければ、(中略)ある時、山に入りて薪《たきぎ》を〔**取る**〕d[取ら]んとするに、(中略)酒の香の〔**す**〕e[し]ければ、(中略)うれしく〔**おぼゆ**〕f[おぼえ]て、(中略)家〔**ゆたかなり**〕g[ゆたかに]なりて、いよいよ孝養の心ふかかりけり。

口語訳

美濃の国(現在の岐阜県)にまずしくて身分の低い男がいた。年とった父を持っていたが、(中略)この父は、朝夕に異常なほどに酒を好んで飲みたがっていたので、(中略)あるとき、山に入って薪を取ろうとすると、(中略)酒の香りがしてきたので、(中略)うれしく思って、(中略)家は豊かになって、ますます孝行の心が深くなった。

注 aは体言(男)に続くから連体形。cとgは用言(ほしがる・なる)に続くから連用形。bとfはヤ行の「や・い・ゆ・え・よ」で活用する。gの品詞は形容動詞である。

4 ①文語文法 古語の助詞 ―「の」と「ば」に注意―

◆**助詞は「の」と「ば」に注意**

古語の助詞の中には、口語と同じはたらきをするものもあれば、**古語特有のはたらきをするものもある。**中学校では古語の助詞の知識を体系的に学習しないので、細かいことを知る必要はない。ただし、高校入試では、助詞「の」と「ば」については、**はたらきの違いを見分けさせる**という形で出題されることがあるので、おおよそのはたらきを知っておく必要がある。

チェックポイント▼格助詞「の」の用法

中学校で習う口語文法では、格助詞「の」の用法として次のようなものがある。

❶ 連体修飾語を示す。(……ノ) 例 学校**の**門。

❷ 主語を示す。(……ガ) 例 私**の**(＝ガ)読んだ本。

❸ 体言の代用(準体言)を示す。(……ノモノ・ノコト)

例 言う**の**(＝コト)をためらう。

❹ 同格を示す。(……デ・デアル)

例 キャプテン**の**(＝デアル)田中先輩。

古語の格助詞「の」も、口語文法と同じように、「の」が「ノ」「ガ」「ノモノ・ノコト」「デアル」のどれに置き換えることができるかで、用法を見分けられる。

次の□に、後から用法として適当なものを選んでみよう。

(1) 大和《やまと》**の**もいとめでたし。 [ウ]
訳 日本のものもたいへんすばらしい。

(2) 白き鳥**の**はしと足と赤き、……。 [エ]
訳 白い鳥で口ばしと足とが赤い、……。

(3) 雪**の**降りたるは言ふべきにあらず。 [イ]
訳 雪が降っている(景色)は何とも言うことができない(くらいすばらしい)。

(4) 鬼**の**やうなるもの出《い》で来て……。 [ア]
訳 鬼のようなものが出て来て……。

ア 連体修飾語を示す　イ 主語を示す
ウ 体言の代用を示す　エ 同格を示す

チェックポイント▼接続助詞「ば」の用法

❶ 口語では仮定を表すときは[仮定形]を用いる。

例 雨が降れ《仮定形》ば中止になる。

ところが、文語では活用形に仮定形がないため、仮定を表すときは、[未然形 ＋ ば]の形をとる。この「ば」が接続助詞にあたる。

例 雨降ら《未然形》ばやめむ。(雨が降ったらやめよう。)

注「降ら」が未然形であることは、8ページに示してある文語の未然形に続く言葉が「ズ・ム」(降らズ・降らム)であることから判断できる。

❷ 上段の古文が、「雨降れ《已然形》ば……。」となった場合は、「降れ」が已然《いぜん》形《けい》になるため、仮定を表さないで「……ト」「……カラ・ノデ」と訳す確定(すでにそうなっていることを表す)になる。

中学校では古語の接続助詞「ば」の用法を詳しく学習しないので、ここであげたすべての知識を完全に理解する必要はない。ただし、高校入試では、主に私立高校で「ば」の用法に関する設問が出題されることもある。「ば」の上の活用形が未然形であるかどうかを見分けるためには、「ズ・ム」をつけると判断できる。

例題

一 傍線部①～④の「の」の中で、意味・用法が他の三つと異なるものを選び、記号で答えなさい。〔鳥取〕

(1) 鼠《ねずみ》の①大勢集まりて…　(2) 一つの②鼠進み出でて…
(3) かの猫の③首へ鈴を…　(4) 大勢の鼠の④中より、

[①]

二 傍線部①～⑥の中で、現代語に直すときに「もし……ならば」という意味になるものを一つ選び、記号で答えなさい。〔開成高〕

(1) 見奉《たてまつ》れば①、　(2) 悪人なれば②、　(3) 申しければ③、
(4) のたまへば④、　(5) 思《おぼ》しめし候《さうら》はば⑤、　(6) 見れば⑥、

[⑤]

口語訳

一
(1) 鼠が大勢集まって…
(2) 一匹の鼠が進み出て…
(3) あの猫の首へ鈴を…
(4) 大勢の鼠の中から、

二
(1) 拝見いたしますと、
(2) 悪人なので、
(3) 申し上げたので、
(4) おっしゃると、
(5) お思いになりましたならば、
(6) 見ると、

5 ① 文語文法 係り結び

◆**係り結びとは**

現代文でも古文でも、ふつう文末は終止形や命令形で終わることが多い。ところが、古文では、文中に特定の助詞があると文末を連体形や已然《いぜん》形で結ぶ場合がある。このときの文中の助詞を「**係り**」、文末の活用形を「**結び**」という。「**係り結び**」は古文独特のルールである。中学校の教科書でも「係り結び」を扱っているものが数種類あり、高校入試では私立高校を中心に、文語文法の設問の中では比較的多く出題されている。

チェックポイント▼係り結びの法則

係り	結び	はたらき
ぞ なむ	連体形	前の語を強調する
や か	連体形	疑問や反語を表す
こそ	已然形	前の語を強調する

例 雨ぞ（係り結び）降る。（連体形）

例 雨こそ（係り結び）降れ。（已然形）

注 古語の動詞「降る」は、

未然形	連用形	終止形	連体形	已然形	命令形
ら	り	る	る	れ	れ

と活用する。

注「こそ」の結びの已然形は、命令形と語形が同じ場合が多いが、口語訳するとき命令に訳さないよう注意する。
・雨こそ降れ。（已然形）　・雨降れ。（命令形）

次の「係り結び」を完成させてみよう。なお、助動詞の「けり」は、連体形「ける」、已然形「けれ」と活用し、「たり」は、連体形「たる」、已然形「たれ」と活用する。

❶ 次の文の□に「けり」を活用させて入れてみよう。
(1) 雨ぞ降りける。
(2) 雨なむ降りける。
(3) 雨や降りける。
(4) 雨こそ降りけれ。

❷ 次の文の□に「たり」を活用させて入れてみよう。
(1) 花ぞ咲きたる。
(2) 花なむ咲きたる。
(3) 花や咲きたる。
(4) 花か咲きたる。
(5) 花こそ咲きたれ。

例題

一 次の文の傍線部ａｂの関係を文法上何というか。〔拓殖大第一高〕
。うらやましくや（a）思ひけむ（b）、……。
（答）係り結び の法則

二 次の文の傍線部のはたらきの説明について、□に当てはまる語句を、漢字二字で書きなさい。〔大分〕
。うち誦《ず》したりしこそ、折からをかしうおぼえしか。（昔の和歌の一部を口ずさんだ）（思われた）
「こそ」は「うち誦したりし」を□する言葉である。「こそ」が文中で用いられると、文末がある決まった活用形になる。
（答）強調

三 次の文の傍線部は係り助詞が用いられているため、「うけられず」が「うけられね」に変わったものである。その係り助詞は何か、文中から抜き出しなさい。〔鳥取〕
。今様《いまやう》《いまどき》の事どもの珍しきを、言ひ広め、もてなすこそ、またうけられね。（もてはやす）（受け入れられない）
（答）こそ

四 次の文の傍線部は「三所流れたり」という表現に、ある意味が加わったものである。その意味として適当なものを後から選び、記号で答えなさい。〔拓殖大第一高〕
。水はその山に三所ぞ流れたる。
ア 仮定　イ 疑問　ウ 反語　エ 強調
（答）エ

五 次の文の□に入る語として適当なものを後から選び、記号で答えなさい。〔十文字高〕
。「……」といふとなむ、見たり□。
ア けら　イ けり　ウ ける　エ けれ
（答）ウ

口語訳

一 うらやましく思ったのだろうか、……。
注「けむ」は助動詞「けむ」の連体形。

二 昔の和歌の一部を口ずさんだのは、この時節にぴったりで趣深く思われた。
注「こそ」があると文末は已然形になる。文末の「しか」は、助動詞「き」の已然形である。

三 いまどきの事で珍しいことを、言い広め、もてはやすことは、また受け入れられない。
注「ね」は助動詞「ず」の已然形。

四 水はその山に三箇所流れている。
注「たる」は助動詞「たり」の連体形。

五 「……」と言うと、（夢に）見たということだ。
注ア～エは助動詞「けり」の活用形であるが、係り結びに関しては、ウの連体形とエの已然形だけに注意するとよい。ここは「なむ」があるから、連体形のウとなる。

6 ② 重要古語 現代語と形が似ている語

◆**現代語と違う意味を持つ古語**

私たちが現在使っている日本語に似た形の古語はたくさんあり、意味も現代語とほとんど変わらないものもある。ただし、形が似ていても現代語と違う意味を持つ古語もある。たとえば、現代語で「おどろく」といえば、「びっくりする」の意味でしか使われないが、古語の「おどろく」には、「びっくりする」という意味以外に、「はっと気づく」「目がさめる」という意味もある。

ここでは、**形が現代語に似ていても古語特有の意味を持つ古語**をまとめてある。無理に暗記する必要はないが、下段の訳の□に口語訳を書き込みながら、少しずつ慣れるようにしよう。何度も繰り返しやると効果をあげることができる。

チェックポイント▼重要古語

1 **あさまし**　良い場合も悪い場合も、予想外であったことに驚く様子を表す。
①意外だ。思いがけない。
②情けない。見苦しい。

1 。犬のふるひわななきて、涙をただ落としに落とすに、いと**あさまし**。（枕草子《まくらのそうし》）
訳 犬がぶるぶるふるえて、涙をぼろぼろ落としたので、たいそう 意外だ 。

2 **あした**　夜があけて明るくなったころを表す。
①朝。早朝。
②（何かがあった）翌朝。

2 。野分《のわき》の**あした**こそをかしけれ。（徒然草《つれづれぐさ》）
訳 秋に吹く激しい風が吹いた 翌朝 が興味深いものだ。

3 **あはれなり**　しみじみと心動かされる様子を表す。
①趣深い。②かわいい。
③ふびんだ。④悲しい。

3 。折節《をりふし》の移り変はるこそ、ものごとに**あはれなれ**。（徒然草）
訳 季節の移り変わる（様子は）、何事につけても 趣深い 。

4 **あやし**　「怪《あや》し」か「賤《あや》し」かによって意味が違う。
〈怪し〉
①不思議だ。　②疑わしい。
〈賤し〉
③身分が低い。④粗末だ。

4 。〈怪し〉よき人は**あやしき**ことを語らず。（徒然草）
訳 身分が高く教養のある人は 不思議な ことを話さない。
。〈賤し〉**あやしき**家に夕顔の白く見えて、蚊遣火《かやりび》ふすぶるもあはれなり。（徒然草）
訳 粗末な 家に夕顔（の花）が白く見えて、（蚊を追い払うための）蚊遣火がくすぶるのも趣深い。

5 **あらず**　動詞「有り」の未然形＋助動詞「ず」の連語。
①ない。②…ない。

5 。風の音、虫の音《ね》など、はたいふべきに**あらず**。（枕草子）
訳 風の音や、虫の鳴き声など（がするのも）、また言うまでも ない （ほど趣深い）。

6 **ありがたし**　「有り」＋「難《かた》し」で、有ることが難しい、というのがもとの意味。
①めったにない。めずらしい。
②難しい。困難だ。

6 。いと**ありがたき**ことなれば、親しき疎《うと》き、よろこびを言ふ。（古今著聞集《ここんちょもんじゅう》）
訳 たいそう めずらしい ことなので、親しい（者も）親しくない（者も）、お祝いの言葉を言う。

7 **いかが**　疑問と反語の意味がある。反語は「いかが…べき」「いかが…む」の形で出てくることが多い。
①〈疑問〉どう。どのように。
②〈反語〉どうして…か、（いや、…ない）。

7 。〈疑問〉御心地は**いかが**おぼさるる。（竹取物語）
訳 ご気分は どのように いらっしゃいますか。
。〈反語〉**いかが**他の力を借るべき。（方丈記《ほうじょうき》）
訳 どうして 他の力を借りよう か 、（いや、借りるべきではない）。

8 **いたづらなり** 何の役にも立たない状態を表す。
①むだである。役に立たない。
②ひまだ。することがない。

9 **いとほし** 現代語では②の意に使われるが、古文では①の意を表すことが多い。
①気の毒だ。かわいそうだ。
②かわいい。いじらしい。

10 **いやし** もともとは①の状態を言うところから、②③の意味が派生した。
①身分が低い。
②みすぼらしい。③下品だ。

11 **うつくし** 幼い者や弱い者などに愛着を感じる気持ちがもとの意。
①かわいらしい。いとおしい。
②美しい。立派だ。

8 ◦（水車が）大方《おほかた》めぐらざりければ、とかく直しけれども、つひに回らで、**いたづらに**立てりけり。（徒然草）
訳 （水車が）いっこうに回らなかったので、いろいろと直したが、とうとう回らないで、**むだに** 立っていた。

9 ◦隣の主《あるじ》の死にたる**いとほしければ**、弔《とぶら》ひに行きたりつるに、……。（宇治拾遺《うじしゅうい》物語）
訳 隣の主人が死んだのが **気の毒な** ので、弔問《ちょうもん》に行ったところ、……。

10 ◦昔男ありけり。身は**いやし**ながら、母なむ宮《みや》なりける。（伊勢《いせ》物語）
訳 昔ある男がいた。（その男の）身分は **低い** けれども、母は皇族の方であった。

11 ◦三寸ばかりなる人、いと**うつくしう**てゐたり。（竹取物語）
訳 三寸ほどの人が、たいそう **かわいらしく** 座っていた。
◦かの木の道の工匠《たくみ》の造れる**うつくしき**うつは物も、古代の姿こそをかしと見ゆれ。（徒然草）
訳 あの指物師《さしものし》の作った **立派な** 道具類も、古風な形のものがおもしろく思われる。

12 **えもいはず** 「え言はず」（言うことができない）を強めた表現。
①何とも言いようがない。

13 **おとなし** 名詞「おとな」（一人前の人）が形容詞化したもの。
①いかにも大人らしい。
②思慮分別がある。
③穏やかだ。

14 **おどろく** 物音などにはっとするのがもとの意。古文では①②の用法が多い。
①はっと気づく。
②目がさめる。③びっくりする。

15 **おぼつかなし** 対象がぼんやりしていてつかみどころがない状態。
①ぼんやりしている。
②心配だ。気がかりだ。
③疑わしい。不審に思う。

12 ◦あるいは角生《つのお》ひたり。頭《かしら》も**えもいはず**恐ろしげなる者どもなり。（宇治拾遺物語）
訳 あるものは角が生えている。頭も **何とも言いようがない（ほど）** こわそうな者たちである。

13 ◦三歳で別れたまひし稚《をさな》き人も、今は**おとなしう**なって、髪結ふほどなり。（平家《へいけ》物語）
訳 三歳でお別れなさった幼い子も、今では **いかにも大人らしく** なって、髪を結うほどである。

14 ◦秋来《き》ぬと目にはさやかに見えねども風の音にぞ**おどろか**れぬる（古今和歌集）
訳 秋が来たと目でははっきり見えないが、風の吹く音に、（もう秋なのだと）**はっと気づい**たことだよ。

15 ◦ある人とぶらひ給はんとて、夕月夜《ゆふづくよ》の**おぼつかなき**ほどに忍びてたづねおはしたるに……。（徒然草）
訳 ある人がおたずねなさろうと、夕月の **ぼんやりしている** ときに、人目をしのんでおたずねなさったところ……。
◦かしこにわづらひはべる人も、**おぼつかなし**。（源氏《げんじ》物語）
訳 あちらで苦しんでおります人も、**心配だ**。

16 **おぼゆ** 動詞「思ふ」に助動詞「ゆ」がついた「思はゆ」から変化した語。
①（自然と）思われる。
②思い出される。③似る。

17 **おもしろし** 現代語の「おもしろおかしい」という意味はない。
①趣深い。美しい。
②心楽しい。愉快だ。

18 **かなし** 現代語の「悲しい」という意味の「悲し」もあるが、「愛《かな》し」にあたる次の意味に注意する。
①かわいい。いとしい。
②趣深い。心にしみる。

19 **けしき** 視覚でとらえることができる様子を表す。
①景色。ながめ。
②顔つき。そぶり。様子。

16 ◦この木なからましかばと**おぼえ**しか。（徒然草）
訳 この木がなかったらよかったのにと **思われ** た。
◦尼君《あまぎみ》の見上げたるに、すこし**おぼえ**たるところあれば、……。（源氏物語）
訳 尼君が見上げている（顔）に、すこし **似** ているところがあるので、…。

17 ◦十日余りなれば、月**おもしろし**。（土佐《とさ》日記）
訳 十日過ぎであるから、月は **趣深い** 。
◦何より、わが子を見るほど、**おもしろき**はなし。（日本永代蔵《えいたいぐら》）
訳 何よりも、自分の子どもを見るほど、**心楽しい** ものはない。

18 ◦わが**かなし**と思ふ娘を仕《つか》うまつらせばや。（源氏物語）
訳 私が **かわいい** と思っている娘をお仕えさせたい。
◦陸奥《みちのく》はいづくはあれど塩釜《しほがま》の浦漕《こ》ぐ舟の綱手《つなで》**かなし**も（古今和歌集）
訳 陸奥では、他の場所はとにかくとして、塩釜の浦を漕ぐ舟にかけて岸伝いに引いていく引き綱が **趣深い** なあ。

19 ◦冬枯れの**けしき**こそ秋にはをさをさ劣るまじけれ。（徒然草）
訳 冬枯れの **ながめ** は、秋には決して劣らないだろう。
◦七月十五日の月にいでゐて、せちに物思へる**けしき**なり。（竹取物語）
訳 七月十五日の月に（かぐや姫は縁側に）出て座り、ひどく物思いにふけっている **顔つき** である。

20 **こころにくし** 心憎く思うほど相手が優れていることを表す。現代の「腹立たしい」気持ちはない。
①心がひかれる。奥ゆかしい。

21 **さうざうし** 当然あるべきものがなくて、もの足りなくさびしいという感じを言う。
①もの足りない。さびしい。

22 **さすがに** 予想されることと逆の事態になったという気持ちを表す。
①そうはいってもやはり。
②そうはいうものの。

23 **さらに** 下に否定の表現を伴った②の用法が多い。
①そのうえ。一段と。
②（下に否定の表現を伴って）けっして……ない。少しも……ない。

20 ◦うちある調度も、昔覚えて安らかなるこそ、**こころにくし**と見ゆれ。（徒然草）
訳 何気なく置いてある道具類も、古風な感じで落ちついているのは、**奥ゆかしい** と思われる。

21 ◦この酒をひとり食《た》うべんが**さうざうしけれ**ば、申しつるなり。（徒然草）
訳 （私は）この酒を一人で飲むのが **さびしい** ので、（いっしょに飲みたくて、あなたをお呼び）申し上げたのだ。

22 ◦さこそ貧しけれど、おちぶれたるふるまひなどはせざりければ、**さすがに**人いやしむべきこととなし。（発心集《ほっしんしゅう》）
訳 （その法師は）それこそ貧乏ではあったが、おちぶれた様子などを示さなかったので、**そうはいうものの** 他人は（その法師を）みくびることをしなかった。

23 ◦**さらに**悲しきことは多かるべき。（徒然草）
訳 **一段と** 悲しく思うことも多いだろう。
◦この川、飛鳥川《あすかがわ》にあらねば、淵瀬《ふちせ》**さらに**変はら**ざり**〈否定〉けり。（土佐日記）
訳 この川は、飛鳥川ではないから、淵と瀬は **少しも** 変わらないなあ。

24 **すさまじ**

現代語の「すさまじい」という意味はない。

①興ざめだ。おもしろくない。
②寒々としている。殺風景だ。

24
○**すさまじき**もの。昼ほゆる犬、春の網代《あじろ》。（枕草子）

訳 興ざめなもの。昼ほえる犬、春の網代（川に竹や木を組み立て網のかわりにし、魚をとる仕掛けで、冬の間だけ使うもの。）。

○風吹き雨降りて**すさまじかり**けるに、大路に、諸行無常《しょぎゃうむじゃう》と詠《えい》じて過ぐる者あり。（宇治拾遺物語）

訳 風が吹き、雨が降って寒々としていたときに、大通りで、「諸行無常」と唱えて行き過ぎる者がいる。

25 **つとめて**

「早い」という意味の「夙《つと》」から出た言葉。「あした」（14ページ）と似ている。

①早朝。朝早く。
②（何かがあった）あくる朝。翌朝早く。

25
○冬は**つとめて**。雪の降りたるは、言ふべきにもあらず。（枕草子）

訳 冬は早朝（が趣深い）。雪が降った（早朝）は、言うまでもない。

○**つとめて**になりて、隙《ひま》なく居《を》りつるものども、一人二人すべり出でて去《い》ぬ。（枕草子）

訳 あくる朝になって、たくさんいた人たちも、一人二人と滑り出るように帰って行った。

26 **としごろ**

「ころ」は、長い時間の経過を表す。現代語の「としごろ」の意味はない。

①長年。数年来。長い歳月。

26
○かばかり**としごろ**になりぬる得意の、疎《うと》くてやむはなし。（枕草子）

訳 これほど長年（のつきあい）になってしまった親友が、疎遠《そえん》のままで終わることはない。

27 **なかなか**

中途半端で、どっちつかずだ。

①むしろ。かえって。

27
○心づきなき事あらん折は、**なかなか**そのよしをも言ひてん。（徒然草）

訳 気乗りがしないことがあるようなときは、むしろその理由を言ってしまうのがよいだろう。

28 **ながむ**

物思いにふけりながら、ぼんやりと見つめる①の意が中心になる。

①ぼんやり見る。物思いにふける。
②望み見る。ながめる。

28
○夕月夜《ゆふづくよ》のをかしきほどに、出《い》だしたてさせ給ひて、やがて**ながめ**おはします。（源氏物語）

訳 夕方の月の趣深いころに、（使者を）出発させなさって、（帝は）そのまま物思いにふけっていらっしゃる。

29 **なほ**

長い時間にわたって、そのままの状態が続いていることを表す。

①依然として。やはり。
②さらに。いっそう。
③やはり何と言っても。

29
○元日、**なほ**同じとまりなり。（土佐日記）

訳 元日も、依然として同じ港にいる。

○**なほ**行き行きて、武蔵の国と下つ総《ふさ》の国との中に、いと大きなる河あり。（伊勢物語）

訳 さらに旅を続けて行くと、武蔵の国と下総《しもうさ》の国との間に、たいそう大きな河がある。

30 **ねんごろなり**

心がこもっていて、おろそかにしない様子。

①心がこもっている。丁寧《ていねい》だ。
②熱心だ。いちずだ。

30
○えもいはず**ねんごろに**看病しけり。（沙石集《しゃせきしゅう》）

訳 何とも言えないほど心がこもった看病をした。

○狩は**ねんごろに**もせで、酒を飲みつつ、やまと歌にかかれりけり。（伊勢物語）

訳 狩猟は熱心にもしないで、酒を飲みながら、和歌に熱中していた。

31 **ののしる**

大きい声で言い騒ぐというのがもとの意。

①大声で騒ぐ。がやがや言う。
②評判が高い。有名だ。

31
○とかくしつつ、**ののしる**うちに、夜ふけぬ。（土佐日記）

訳 あれこれとやっては、大声で騒ぐうちに、夜がふけた。

32 **ふみ**

もともとは「物事を書きしるしたもの」を言い、①や②の意味であったが、のちに③や④も指すようになった。

①手紙。②書物。文書。
③漢詩。漢文。④学問。

32
○京に、その人の御もとにとて、**ふみ**書きてつく。（伊勢物語）

訳 京に（いらっしゃる）、その方のお所にと思って、手紙を書いてことづける。

○われは琴をひき、弟子どもは**ふみ**を読む。（宇治拾遺物語）

訳 自分は琴をひき、弟子たちは書物を読む。

33 **べからず**

助動詞「べし」の未然形に打ち消しの助動詞「ず」がついたもの。

①〈禁止〉…してはいけない。
②〈不可能〉…できない。

33
○人食ふ犬をば養ひ飼ふ**べからず**。（徒然草）

訳 人をかむ犬を養い飼ってはいけない。

○羽なければ、空をも飛ぶ**べからず**。（方丈記）

訳 羽がないので、空を飛ぶこともできない。

34 **ままに**

あることが進むと、他のことが引き起こされる様子を表す。

①…につれて。…にまかせて。
②…するやいなや。…と同時に。

34
○することのなき**ままに**、清水《きよみづ》に人まねして千度詣《まう》でを二度ぞしたりける。（古本《こほん》説話集）

訳 することがなかったのにまかせて、清水寺に人のまねをして千度参りを二度もしたのであった。

○ゐる**ままに**すなはちねぶり声なる、いとにくし。（枕草子）

訳 座るやいなやすぐに眠り声を出すのは、しゃくにさわる。

35 **むつかし**

好ましくないことに接したときの、いらいらした気持ちを表す。

①うっとうしい。気が晴れない。
②めんどうだ。わずらわしい。

35
○雨の降る時に、ただ**むつかしう**、……。（枕草子）

訳 雨が降る時には、ただもううっとうしくて、……。

○久しくゐたる、いと**むつかし**。（徒然草）

訳 長居しているのは、まことにわずらわしい。

36 **めでたし**

古文では、現代語の「めでたい」の意ではほとんど出ない。

①すばらしい。りっぱだ。
②美しい。うるわしい。

36
○藤の花は、しなひ長く、色濃く咲きたる、いと**めでたし**。（枕草子）

訳 藤の花は、花房が長く、濃い色で咲いているのが、たいそうすばらしい。

○こぼれかかりたる髪、つやつやと**めでたう**見ゆ。（源氏物語）

訳 （額に）ふりかかっている髪が、つやつやかに美しく見える。

37 **やがて**

古文では、現代語の「まもなく・そのうち」の意はほとんど出ない。

①そのまま。ひきつづいて。
②すぐに。ただちに。いきなり。

37
○薬も食はず、**やがて**起きも上がらで病み伏せり。（竹取物語）

訳 薬も飲まず、そのまま起き上がりもしないで、病の床に伏している。

○口にまかせて言ひちらすは、**やがて**浮きたることと聞こゆ。（徒然草）

訳 口から出まかせにしゃべり散らすのは、すぐに根拠のない話だとわかる。

38 **ゆかし**

対象に向かって心が強くひかれるというのがもとの意。

①見たい。聞きたい。知りたい。
②心が引かれる。なつかしい。

38
○ねびゆかむさま、**ゆかしき**人かなと、目とまり給ふ。（源氏物語）

訳 大人になっていく様子を、見たいような人だなあと、（光源氏は）目をとめなさる。

39 **をかし**

14ページの「あはれなり」がしんみりした気持ちを含むのに対し、明るくさっぱりとした気持ちを表す。

①趣深い。風情がある。
②美しい。かわいい。
③こっけいだ。おもしろい。

39
○雪のいと高うはあらで、うすらかに降りたるなどは、いとこそ**をかしけれ**。（枕草子）

訳 雪がたいして高くはなくて、うっすらと降っている様子などは、たいそう趣深い。

○けづることを、うるさがり給へど、**をかし**の御ぐしや。（源氏物語）

訳 くしけずることを、面倒くさがりなさるけれど、美しい御髪《おぐし》ですね。

7 ② 重要古語 古語特有の語

◆ **現代語にはない古語**

❻では、現代語と語形はあまり変わらないが、意味の違う語をまとめた。それに対してここでは、**言葉そのものが現代語にはない古語**をまとめてある。ここで扱っていないが、古文独得の言い方をする月の呼び方(一月を睦月《むつき》と言うなど)・方位と時刻(北を子《ね》と言い、午前11時から午後1時までを午《うま》と言うなど)・現在の都府県名と旧国名の比較(奈良《なら》を大和《やまと》と言うなど)は38ページからの⑤古文資料でまとめてある。

チェックポイント▼重要古語

1 **いかで**　はじめは願望を表すことが多かったが、やがて疑問や反語を表した。
①〈願望〉どうかして。
②〈疑問〉どうして。
③〈反語〉どうして…か、(いや、…ない)。

2 **いと**　程度のはなはだしいことを表す。②は下に否定の語がある場合の訳し方である。
①たいそう。まったく。本当に。
②たいして(……ない)。

1 。〈願望〉**いかで**この男にものいはむと思ひけり。（伊勢物語）
訳 どうかして この男と結ばれたいと思った。
。〈疑問〉この世に**いかで**かかることありけむと、めでたくおぼゆることは、文《ふみ》にこそ侍《はべ》るなれ。（無名草子《むみょうぞうし》）
訳 この世に どうして こんなことがあったのだろうかと、すばらしく思われるのは手紙であります。
。〈反語〉**いかで**月を見ではあらむ。（竹取物語）
訳 どうして 月を見ないではおられよう か 、(いや、おられない)。

2 。雪の**いと**高うはあらで〈否定〉、うすらかに降りたるなどは、**いと**こそをかしけれ。（枕草子）
訳 雪が たいして 高くはなくて、うっすらと降っている様子などは、たいそう 趣深い。

3 **いふかひなし**　言葉で表しようがないという気持ちを表している。
①言ってもしかたがない。どうしようもない。
②とるにたりない。つまらない。

4 **いみじ**　良い場合も悪い場合も、程度がはなはだしいことを表す。
①はなはだしい。並々でない。
②すばらしい。立派だ。
③たいへんだ。ひどい。

5 **いらふ**　「いらふ」は「こたふ」と違い、相手を適当にあしらったりする場合にも使う。
①返事をする。答える。

6 **うす**　ものがなくなったり、人が死んだりしたときの状態を表す。
①なくなる。消える。
②死ぬ。

3 。聞きしよりもまして、**いふかひなく**ぞこぼれ破れたる。（土佐日記）
訳 (留守にしていた家は)うわさに聞いていた以上に、どうしようもないほど 壊れ傷んでいる。
。**いふかひなき**者のいへるには、いと似つかはし。（土佐日記）
訳 とるにたりない 子供の言った(歌と)しては、たいそうふさわしい。

4 。人間《ひとま》にも月を見ては**いみじく**泣き給ふ。（竹取物語）
訳 人の見ていないすきに月を見ては はなはだしく 泣いていらっしゃる。
。福原大相国禅門《ふくはらたいしょうこくぜんもん》は**いみじかり**ける人なり。（十訓抄《じっきんしょう》）
訳 福原の太政大臣平清盛入道は、立派な 人である。
。昔、袴垂《はかまだれ》とて**いみじき**盗人の大将軍ありけり。（宇治拾遺物語）
訳 昔、袴垂といって たいへんな 盗人の親分がいた。

5 。おくの方より「何事ぞ。」と**いらふる**声すなり。（宇治拾遺物語）
訳 奥の方から「何々です。」と 答える 声がするようである。

6 。翁《おきな》をいとほし、かなしと思《おぼ》しつることも**うせ**ぬ。（竹取物語）
訳 翁を気の毒だ、いとしいとお思いだったことも 消え た。
。前少将は朝《あした》に**うせ**、後少将は、夕べにかくれ給ひしぞかし。（大鏡《おおかがみ》）
訳 前少将は朝に 死に 、後少将は、夕方にお亡くなりになったのですよ。

7 **うたてし**　情けなく見苦しい様子を表す。
①いやだ。おもしろくない。
②気の毒だ。残念だ。

8 **え……打ち消し**　下に打ち消しの語を伴って、全体で不可能の意を表す。
①…できない。

9 **つきづきし**　その場の状況や様子に調和していることを表す。
①似つかわしい。ふさわしい。

10 **つゆ**　下に打ち消しの語を伴った②の訳し方に注意。
①わずかに。ほんの少し。
②少しも(……ない)。まったく(……ない)。

7 。言《こと》しもこそあれ、**うたて**の心ばへや。（源氏物語）
訳 言葉が(いろいろ)あるのに、(こんなことを書くのは) いやな 性格だ。
。憂《う》かりし島の島守になりにけるこそ**うたてけれ**。（平家物語）
訳 つらい(思いをした)島の番人になってしまったのは 気の毒だ 。

8 。子は京に宮仕へしければ、まうづとしけれど、しばしば**え**まうで**ず**。（伊勢物語）
訳 子は京で宮廷勤めをしていたので、(母のもとへ)うかがおうとしたけれど、たびたびはうかがうことが できない 。

9 。いと寒きに、火などいそぎおこして、炭もてわたるもいと**つきづきし**。（枕草子）
訳 とても寒い(朝)に、火などを急いでおこして、炭を持って通るのもとても 似つかわしい 。

10 。**つゆ**も、もの空にかけらば、ふと射殺し給へ。（竹取物語）
訳 ほんの少し でも、何か空を走り飛んだら、すぐに射殺しなさい。
。木《こ》の葉にうづもるるかけ樋《ひ》のしづくならでは、**つゆ**おとなふもの**なし**。（徒然草）
訳 (落ちた)木の葉にうずもれている樋《とい》のしずくのほかには、少しも 音を立てるものはない。

11 **な……そ**　「な……そ」の形が多いが、「な」だけでも同じように訳す。
①……してくれるな。……しないでくれ。

12 **ほい**　もともとの希望や目的を表す。
①本来の希望。本来の目的。

13 **やうやう**　「やうやく」が変化した形。①が重要。
①だんだんと。少しずつ。
②やっと。かろうじて。

14 **やむごとなし**　そのまま放置できないほど尊く、大切な様子を表す。
①高貴だ。尊い。身分が高い。
②格別だ。並々でない。

12 。東風《こち》吹かば匂ひおこせよ梅の花主《あるじ》なしとて春**な**忘れ**そ**（大鏡）
訳 (春になって)東の風が吹いたならば香りをとどけてくれ、梅の花よ。主人がいないからといって春を忘れ ないでくれ 。

13 。神へ参《まゐ》るこそ**ほい**なれと思ひて、山までは見ず。（徒然草）
訳 神(石清水八幡宮《いわしみずはちまんぐう》)へ参拝するのが 本来の目的 なのだと思って、山(の上の本宮)までは見なかった。

14 。春はあけぼの。**やうやう**白くなりゆく山ぎは、すこしあかりて…。（枕草子）
訳 春は夜明けがた(が趣深い)。 だんだんと 白くなっていく山ぎわが、少し明るくなって…。

15 。いと**やむごとなき**際《きは》にはあらぬが、優れて時めき給ふありけり。（源氏物語）
訳 それほど 高貴な 家柄ではない方で、目立って(天皇の)特別な愛を受けていらっしゃる方があった。
。誠に**やむごとなき**誉《ほまれ》ありて、人の口にある歌多し。（徒然草）
訳 本当に 格別な 名声があって、多くの人に読まれている歌が多い。

8 掛詞《かけことば》

③ 和歌の修辞

◆**和歌とは**　漢詩に対して、**奈良時代から日本で作られた定型の歌を和歌**と言う。和歌の種類には、

長歌《ちょうか》(五・七・五・七……五・七・七)
短歌(五・七・五・七・七)
旋頭歌《せどうか》(五・七・七・五・七・七)
片歌《かたうた》(五・七・七)

などがある。短歌を除く長歌、旋頭歌、片歌などは平安時代以降は作られなくなり、**和歌といえば31音を定型とする短歌**のことを指すようになった。

ここでは、中学校の教科書で扱われている和歌(＝短歌)の修辞について、28～33ページでまとめてある。なお、高校入試では掛詞の出題が多い。

チェックポイント▼掛詞

❶ 同音異義(発音が同じで、意味が異なる)を利用して、一語に二つの意味を持たせる。 例 まつ〈松／待つ〉
❷ 掛詞の抜き出しは、ふつう異なる二つの漢字で表すことが多い。
❸ 口語訳するときは、両方の意味を生かして訳す。

●**主な掛詞**

秋《あき》―飽《あ》き
入《い》る―射《い》る
憂《う》き―浮《う》き
置《お》く―起《お》く
聞《き》く―菊《きく》
長雨《ながめ》―眺《なが》め
春《はる》―張《は》る
火《ひ》・日《ひ》―思ひ
文《ふみ》―踏《ふ》み
降《ふ》る―経《ふ》る

例題　次の和歌から掛詞を抜き出し、二つの意味を答えなさい。〔島根〕

むかしより阿弥陀仏《あみだほとけ》の誓ひにて煮ゆる物をばすくふとぞ知る

掛詞は［すくふ］で［人々を救う］と［煮物をすくう］の二つの意味がある。

口語訳　むかしから、阿弥陀様は(苦しんでいる人々を救おうという)誓いによって、(地獄の釜で)煮られている者を救っている。(そのように私もしゃもじで)煮物をすくっている。

9 枕詞《まくらことば》

③ 和歌の修辞

チェックポイント▼枕詞

❶ ある特定の語を導き出すための言葉である。
❷ 音数は、主として五音(五字ではない)からなる。
❸ 枕詞とそれを受ける語句とは、ほぼ固定している。
❹ ふつう、和歌の初句か三句に使われることが多い。
❺ 口語訳するときは、訳さなくてよい。

例 **ぬばたまの**〈枕詞〉夜のふけ行けば久木生《ひさきお》ふる清き河原に千鳥しば鳴く　(万葉集)

訳 夜がふけて行くと、久木の生えている清らかで美しい河原に千鳥がしきりに鳴く。

●**主な枕詞**

〈枕詞〉	〈受ける語句〉
あかねさす	日・光・紫・昼・照る
［あしひきの］	山・峰《を》・木《こ》の間・尾の上《へ》
あらたまの	年・月・日・春
あをによし	奈良
いはばしる	垂水《たるみ》・滝
うつせみの	命・人・世・身
からころも	着る・袖《そで》・裾《すそ》
くさまくら	旅
しろたへの	衣《ころも》・袖・袂《たもと》・雪・雲・波
たらちねの	母・親
ぬばたまの	夜・黒・闇《やみ》・月
［ひさかたの］	光・天《あめ》・月・空・雲・日・雨
むらさきの	匂ふ
ももしきの	大宮《おほみや》・内

例題　次の各和歌の枕詞に――線を、それを受ける語句に～～線を記入しなさい。

(1) あしひきの山のしづくに妹《いも》待つと我《あれ》立ち濡《ぬ》れぬ山のしづくに　(万葉集)
(2) 春過ぎて夏来たるらし白たへの衣干したり天《あめ》の香具山《かぐやま》　(万葉集)
(3) ひさかたのひかりのどけき春の日にしづ心なく花の散るらむ　(古今和歌集)

口語訳

(1) この山の(木から落ちる)しずくに、あなたを待つというので私は(木の下にいて)ぬれてしまった。この山のしずくに。
(2) 春が過ぎて夏が来たらしい。まっ白な衣が干してある。あの天の香具山に。
(3) 日の光ののどかな春の日に、どうしてこのように落ち着いた心もなく花が散っているのだろう。

10 序詞《じょことば》

③ 和歌の修辞

チェックポイント▼序詞

❶ ある語句を導き出すための言葉であるが、枕詞のように受ける語句は固定していない。
❷ 音数は七音(七字ではない)以上のものが多い。
❸ ふつうは、二句・三句にわたって使われている。
❹ 口語訳するときは、訳すようにする。
❺ 序詞は固定していないが、序詞を導き出す方法としては次の三つに大別される。(参考までに示しておくが、暗記する必要はない。)

(1) 比喩のようにして語句を導き出す序詞

例 〈序詞〉見れど飽《あ》かぬ吉野の河の常滑《とこなめ》の絶ゆることなくまた還《かへ》り見む　(万葉集)

訳 いくら見ても見飽きない吉野の川の常滑が絶えることのないように、いつまでも絶えずに(この吉野の都を)何度でもやって来ては眺めよう。

〈解説〉 常滑(絶えず水にぬれている川の岩などに水ごけがついていて、滑りやすくなっている所)が絶えずぬれている様子を比喩にして、「絶ゆることなく」を導き出している。

(2) 音《おん》の連想で語句を導き出す序詞

例 〈序詞〉巨勢山《こせやま》のつらつらつばきつらつらに見つつしのはな巨勢の春野《はるの》を　(万葉集)

訳 巨勢山のたくさん並んで生い茂っているつばきの木のように、つくづくと見ながらしのびたい、巨勢の春野を。

〈解説〉 「つらつらつばき」(たくさんつばきが並んでいる様子)が音《おん》の連想で、「つらつら」を導き出している。

(3) 掛詞で語句を導き出す序詞

例 〈序詞〉風吹けば沖つ白波たつ田山夜半《よは》にや君がひとり越ゆらむ　(古今和歌集)

訳 風が吹くので沖の白波が立つ、そのたつという名のついた竜田山を、この夜中にあの人は一人で越えているのだろうか。

〈解説〉 掛詞「たつ」(「波がたつ」と「竜田山」)は、沖の白波が立つという意で序詞とつながり、地名の「竜田山」を掛詞で導き出している。

11 体言止め

③ 和歌の修辞

チェックポイント▼体言止め

❶ 和歌の最後を体言(名詞・代名詞)で終わらせること。
❷ ふつう文末は用言(動詞・形容詞・形容動詞)や助詞・助動詞で終わるが、文末を体言で止めることで、表現されていない情景を読む人に想像させ、強い感動を与える効果がある。この効果をねらって文末を名詞や代名詞で終わらせることを［体言止め］という。

例 霞《かすみ》立つ末《すゑ》の松山ほのぼのと波に離るる横雲の空〈体言止め〉　(新古今和歌集)

訳 かすみの立ちこめている末の松山がほんのりと(見え)、(一方海を見ると)波から離れて横にたなびいて行く雲(が見える)空よ。

〈解説〉 空がどのような様子であるかは読む人が様々に思い浮かべることができ、その美しさに感動するのである。

12 句切れ

③ 和歌の修辞

チェックポイント▼句切れ

❶ 和歌は、ふつう五・七・五・七・七の五句を基本に一首ができている。
❷ 一首の途中の意味の切れ目を［句切れ］という。
❸ 句切れは、どこにあるかによって、「初句切れ・二句切れ・三句切れ・四句切れ」といい、五句目まで意味の切れ目がないものを「句切れなし」という。
❹ 初句切れ・三句切れ…七五調
　二句切れ・四句切れ…五七調
　のリズムになる。
❺ 音読すると｛五七調…力強い／七五調…優しい｝感じがする。
❻ 一首で二箇所以上の句切れがある場合もある。

例 春過ぎて夏来たるらし／白たへの衣干したり／天《あめ》の香具山《かぐやま》　(万葉集)

訳 春が過ぎて夏が来たらしい。まっ白な衣が干してある。あの天の香具山に。

〈解説〉 この場合は、「二句・四句切れ」と言う。

例題 一 次の和歌から掛詞を抜き出し、何と何を掛けているか答えなさい。(2)は掛詞が二つある。

(1) 秋の野に人まつ虫の声すなり我かと行きていざとぶらはむ (古今和歌集)

掛詞 [まつ] で [待つ] と [松] を掛ける。

(2) 花の色は移りにけりないたづらにわが身世にふるながめせしまに (古今和歌集)

掛詞① [ふる] で [降る] と [経る] を掛ける。
掛詞② [ながめ] で [長雨] と [眺め] を掛ける。

二 次の和歌から枕詞を抜き出し、受ける語句も答えなさい。

(1) 家にあれば笥《け》に盛る飯《いひ》をくさまくら旅にしあれば椎《しひ》の葉に盛る (万葉集)

枕詞 [くさまくら] 受ける語句 [旅]

(2) あしひきの山川《やまがは》の瀬の鳴るなへに弓月《ゆつき》が岳《たけ》に雲立ち渡る (万葉集)

枕詞 [あしひきの] 受ける語句 [山]

口語訳

一 (1) 秋の野に人を待つという松虫の声が聞こえる。私を待っているのかと思ってさあたずねて行こう。

(2) 花の美しさはすっかり色あせてしまったなあ。むなしく長雨が降り続いていた間に、また私が世を過ごしていくことで物思いを重ねているうちに。

二 (1) 家にいるときはいつも器に盛る飯を、旅の途中であるので椎の葉に盛ることだ。

(2) 山の中を流れる川の瀬音が高く鳴り響くにつれて、弓月が岳に雲が一面にわき上がってくる。

三 次の和歌から序詞を抜き出し、受ける語句も答えなさい。

多摩川《たまがは》にさらす手作りさらさらに何ぞこの児《こ》のここだ愛《かな》しき (万葉集)

序詞 [多摩川にさらす手作り] 受ける語句 [さらさらに]

四 次の和歌から体言止めを抜き出し記号で答え、さらに各和歌の句切れのところに／印を記入しなさい。

(1) 思ひつつ寝《ぬ》ればや人の見えつらむ／夢と知りせば覚めざらましを (古今和歌集)

(2) 人はいさ心も知らず／ふるさとは花ぞ昔の香に匂《にほ》ひける (古今和歌集)

(3) 見わたせば花ももみぢもなかりけり／浦のとま屋の秋の夕暮《ゆふぐれ》 (新古今和歌集)

(4) またや見む／交野《かたの》のみ野の桜がり花の雪散る春のあけぼの (新古今和歌集)

体言止めの和歌 [(3) (4)]

口語訳

三 多摩川にさらす手織りの布のように、さらにいっそうどうしてこの娘がこんなにもいとおしいのだろう。

四 (1) (恋しい方のことを)思いながら寝るので、その方が夢に見えたのであろうか。もし夢と知っていたら覚めずにいたかったのになあ。

(2) 人は、さあ、心もわからない。(だが、)昔なじみのこの土地は、花だけは昔ながらの香りで咲き匂っているなあ。

(3) 遠くから見渡すと、花(の美しさ)も紅葉(の美しさ)もないことだなあ。海辺の粗末な漁師の小屋の(あたりの)秋の夕暮れ(のさびしい眺め)よ。

(4) もう一度見ることがあるだろうか。交野の野での桜見物で、花が雪のように散る春のあけぼの(のこの美しさを)。

13 ④文学史 上代・中古の作品

◆日本の古典

「古典」とは、上代(奈良時代)から近世(江戸時代)までに書かれた作品を言う。この中でも、**長い時代にわたり、多くの人々に読まれ、強い影響を与えながら現代まで読み続けられてきたものだけを「古典」と言う。**

中学校では、数多い「古典」の中から、ごくわずかな作品しか学習しないが、代表的な「古典」を知っておけば、私立高校を中心とした高校入試での文学史対策に役立ち、さらに、高校での本格的な古典学習の準備にもなる。ここでは、上代と中古(平安時代)を、36・37ページでは中世(鎌倉・室町時代)と近世の代表的な作品をまとめてある。

チェックポイント ▼ 上代・中古の代表的な作品

上代(奈良時代)

●古《こ》事《じ》記《き》 ・歴史書／太安万侶《おおのやすまろ》
・古代からの神話や伝説などをまとめた日本最古の歴史書。

●日《に》本《ほん》書《しょ》紀《き》 ・歴史書／舎人親王《とねりしんのう》ほか
・日本最古の天皇の命令による正式な歴史書。

●万葉集 ・歌集／大伴家持《おおとものやかもち》ほか
・現存する日本最古の歌集。約四五〇〇首が収められている。
〈代表歌人〉額田王《ぬかたのおおきみ》・柿本人麻呂《かきのもとのひとまろ》・山上憶良《やまのうえのおくら》・山《やま》部赤人《べのあかひと》・大伴家持など。

中古(平安時代)

●竹取物語 ・物語／作者不明
・現存する最古の物語。竹の中から見つけられたかぐや姫が、月の世界に帰るまでに起きる、不思議なことなどを描いている。

●古今和歌集 ・歌集／紀貫之《きのつらゆき》ほか
・最初の勅撰和歌集《ちょくせんわかしゅう》(天皇の命令によって編さんされた和歌集)。約一一〇〇首が収められている。紀貫之が仮名序(仮名で書かれた序文)を書いている。
〈代表歌人〉紀友則《きのとものり》・紀貫之・凡河内躬恒《おおしこうちのみつね》・壬生忠岑《みぶのただみね》(以上の四人が撰者)・在原業平《ありわらのなりひら》・小《お》野小町《ののこまち》など。

●伊《い》勢《せ》物《もの》語《がたり》 ・物語／作者不明
・「古今和歌集」の代表的な歌人の在原業平を思わせる男を主人公にし、業平の歌にまつわる短編の物語を集めている。

●土《と》佐《さ》日《にっ》記《き》 ・日記／紀貫之
・仮名書き日記の最初のもの。作者が土佐守《とさのかみ》の任務を終えて京に帰るまでを、女性に託して仮名で書いている。

●枕草子 ・随筆／清少納言《せいしょうなごん》
・宮仕えの生活、自然の様子や人生に対する感想などが述べられている。「源氏物語」と並んで平安女流文学の代表作品である。

●源氏物語 ・物語／紫式部《むらさきしきぶ》
・光源氏《ひかるげんじ》とその子薫《かおる》を主人公にした五四巻にわたる長編物語。

●更《さら》級《しな》日《にっ》記《き》 ・日記／菅原孝標女《すがわらのたかすえのむすめ》
・作者の父の任国上総《かずさ》を出発した13歳から、夫と死別した58歳までの回想記。

●今《こん》昔《じゃく》物《もの》語《がたり》集《しゅう》 ・説話／作者不明
・日本・中国・インドの説話を集大成。ほとんどが、「今は昔…」で始まっている。

●古《こ》本《ほん》説《せつ》話《わ》集《しゅう》 ・説話／作者不明
・「今昔物語集」や中世の「宇治拾《うじしゅう》遺《い》物語」と共通する説話が多い。

例題

一 次のうち「竹取物語」に最も近い年代に成立した作品を選び、記号で答えなさい。〔江戸川学園取手高〕
ア 源氏物語 イ 平家物語 ウ 伊勢物語 エ 徒然草
[ウ]

二 「古今和歌集」の「仮名序」の作者を次から選び、記号で答えなさい。〔早大本庄高等学院〕
ア 在原業平 イ 大伴家持 ウ 紀貫之 エ 菅原道真 オ 柿本人麻呂
[ウ]

三 「土佐日記」のⅠ作者と、Ⅱその人物が編集に関わった三大和歌集をそれぞれ次から選び、記号で答えなさい。〔拓殖大第一高〕
Ⅰ［作者］ ア 松尾芭蕉 イ 山上憶良 ウ 源実朝 エ 紀貫之
[エ]
Ⅱ［和歌集］ ア 万葉集 イ 古今和歌集 ウ 金槐和歌集 エ 山家集
[イ]

四 「源氏物語」の作者を漢字で答えなさい。〔洛南高〕
[紫式部]

五 平安時代の菅原孝標女の作品名を正しく答えなさい。〔江戸川学園取手高〕
[更級日記]

六 「古本説話集」と同じジャンルの作品を次から選び、記号で答えなさい。〔高田高〕
ア 源氏物語 イ 土佐日記 ウ 宇治拾遺物語 エ 平家物語 オ 枕草子
[ウ]

14 ④文学史 中世・近世の作品

チェックポイント▼中世・近世の代表的な作品

中世（鎌倉・室町時代）

● **新古今和歌集**
・歌集／藤原定家《ふじわらのさだいえ》（「ていか」とも）ほか
・八番目の勅撰和歌集。「万葉集」「古今和歌集」とあわせて三大和歌集という。
〈代表歌人〉 後鳥羽上皇《ごとばじょうこう》・式子内親王《しょくしないしんのう》・藤原定家・藤原家隆《ふじわらのいえたか》・西行《さいぎょう》・慈円《じえん》・藤原俊成《ふじわらのとしなり》（「しゅんぜい」とも）

● **方丈記**《ほうじょうき》
・随筆／鴨長明《かものちょうめい》
・平安末期の動乱の世の中の不安や人生の無常を述べている。

● **発心集**《ほっしんしゅう》
・説話／鴨長明
・「方丈記」の作者による仏教を中心とした説話。

● **宇治拾遺物語**《うじしゅういものがたり》
・説話／作者不明
・民衆の生活や心情を描いている。「今昔物語集」と重複する説話が多い。

● **平家物語**
・軍記物語／作者不明
・平家一門の栄華から滅亡までを描いている。もとは琵琶法師が語ったもの。

● **源平盛衰記**《げんぺいじょうすいき》
・軍記物語／作者不明
・源氏と平家の興亡盛衰を描いている。

● **古今著聞集**《ここんちょもんじゅう》
・説話／橘 成季《たちばなのなりすえ》
・説話を題材別・年代順に並べてある。

● **徒然草**
・随筆／兼好法師《けんこうほうし》
・見聞や感想の形で自然や人生を描いている。「枕草子」「方丈記」とあわせて三大随筆という。

近世（江戸時代）

● **日本永代蔵**《にっぽんえいたいぐら》
・浮世草子／井原西鶴《いはらさいかく》
・町人たちが富を得るために考えついた工夫や手段を中心に描いている。

● **世間胸算用**《せけんむねさんよう》
・浮世草子／井原西鶴
・大晦日《おおみそか》の借金返済を逃がれようとする町人たちの姿を描いている。

● **おくのほそ道**
・紀行文／松尾芭蕉《まつおばしょう》
・江戸から大垣《おおがき》までの旅先での体験などを、俳句を交えながら描いている。

● **仮名手本忠臣蔵**《かなでほんちゅうしんぐら》
・浄瑠璃《じょうるり》／竹田出雲《たけだいずも》ほか
・赤穂浪士《あこうろうし》のあだ討ちを題材としている。のちに歌舞伎《かぶき》にもなった。

● **雨月物語**《うげつものがたり》
・読本《よみほん》／上田秋成《うえだあきなり》
・日本や中国の古典から題材をとった怪異小説9編から成る。

● **玉勝間**《たまかつま》
・随筆／本居宣長《もとおりのりなが》
・古典の研究をもとに、文学観・学問観・生活観などを記している。

● **古事記伝**《こじきでん》
・古事記注釈書／本居宣長
・「古事記」を詳細に考証していて、現在も高く評価されている。

● **花月草紙**《かげつそうし》
・随筆／松平定信《まつだいらさだのぶ》
・政治・経済・学問・自然現象・日常生活などについて述べている。

● **南総里見八犬伝**《なんそうさとみはっけんでん》
・読本／滝沢馬琴《たきざわばきん》
・犬に縁のある八人が力を合わせて里見家を再興する話。

● **おらが春**《はる》
・俳文集／小林一茶《こばやしいっさ》
・57歳当時の正月から暮れまでの周囲の事実や感想を、俳句をまじえて日記風に記したもの。

例題

一 鴨長明の作品を次から選び、記号で答えなさい。〔青山学院高等部〕
ア 枕草子　イ 方丈記
ウ 平家物語　エ 徒然草
［イ］

二 中世以外の作品を次から一つ選び、記号で答えなさい。〔洛南高〕
ア 宇治拾遺物語　イ 徒然草
ウ 今昔物語集　エ 方丈記
オ 平家物語
［ウ］

三 「徒然草」の作者の名前を漢字で書きなさい。〔慶應義塾女子高〕
［兼好法師（吉田兼好）］

四 「おくのほそ道」と同時代の作品を次から選び、記号で答えなさい。〔早実高等部〕
ア 徒然草　イ 古今和歌集
ウ 日本永代蔵　エ 古事記　オ 御伽草子
［ウ］

五 本居宣長の著書を次から選び、記号で答えなさい。〔洛南高〕
ア 雨月物語　イ 花月草紙
ウ 日本永代蔵　エ 古事記伝
オ 南総里見八犬伝
［エ］

六 「花月草紙」と同じ江戸時代の作品を次から選び、記号で答えなさい。〔慶應義塾高〕
ア 竹取物語　イ おくのほそ道
ウ 徒然草　エ 万葉集　オ 平家物語
［イ］

七 次の作品の作者を後から選び、記号で答えなさい。〔多摩大目黒高〕
(1) 源氏物語　(2) 枕草子　(3) 方丈記　(4) 徒然草
(5) おくのほそ道
ア 大伴家持　イ 松尾芭蕉　ウ 兼好法師
エ 紫式部　オ 紀貫之　カ 清少納言　キ 鴨長明

(1)	(2)	(3)	(4)	(5)
エ	カ	キ	ウ	イ

15 ⑤古文資料 方位と時刻・月の異名《いみょう》

◆ **古文独特の表し方**

私たちが現在使っている「午前」・「午後」というのは、古典に出てくる時刻の表し方から来ている。つまり、**「午《うま》の刻《こく》」が昼の12時**を指し、それよりも前の時間が「午前」で、それよりも後の時間が「午後」を表している。また、年末のあわただしい時期を「**師走《しわす》の候《こう》**」などと使うが、これも古典で12月を表す言葉が現在も生きているのである。

このように、現在も使われているものもあれば、ほとんど死語に近いものもある。ここにあげた内容をすべて暗記する必要はないが、私立高校を中心にこれらの知識を問う設問を出すところもあるので、過去の入試問題に当たり、もし志望校で過去に出題されているところがあれば対策をとる必要がある。

チェックポイント▼方位と時刻

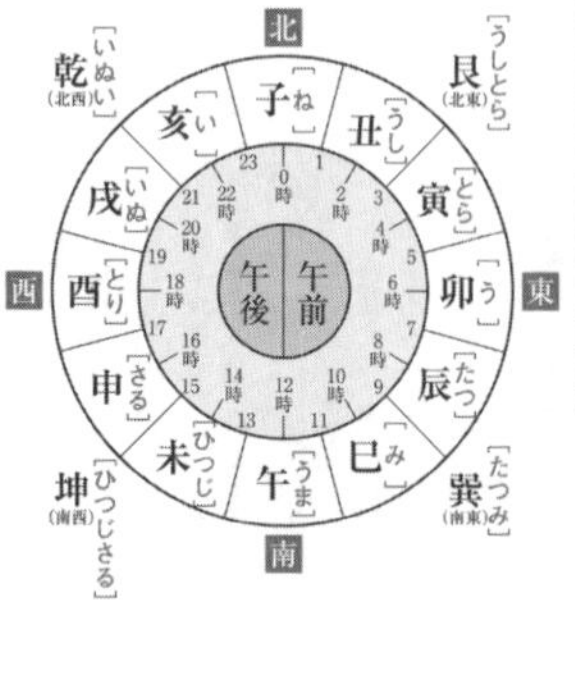

古典では、方位や時刻を表すのに十二支《じゅうにし》（十二種類の動物名）を用いている。「子《ね》」はねずみ、「卯《う》」はうさぎ、「巳《み》」はへび、「亥《い》」はいのししのこと。

方位は、**北**を**子**、**南**を**午《うま》**、**東**を**卯**、**西**を**酉《とり》**とし、**北東**を**艮《うしとら》**、**南東**を**巽《たつみ》**、**南西**を**坤《ひつじさる》**、**北西**を**乾《いぬい》**と呼んでいる。

時刻は、一昼夜の二十四時間を十二等分するため、一区切りが二時間単位となる。

例 酉《とり》の方位は［西］を指し、時刻は［17］時から［19］時を指している。

例 乾（戌亥《いぬい》）の方位は［北西］を指している。

例 午前0時は［子］の刻で、22時は［亥］の刻である。

チェックポイント▼月の異名

季節	春			夏		
月	一月	二月	三月	四月	五月	六月
異名	睦月《むつき》	如月《きさらぎ》	弥生《やよひ》	卯月《うづき》	皐月《さつき》	水無月《みなづき》
季節	秋			冬		
月	七月	八月	九月	十月	十一月	十二月
異名	文月《ふみづき》《ふづき》	葉月《はづき》	長月《ながつき》	神無月《かんなづき》《かみなづき》	霜月《しもつき》	師走《しはす》

古典は陰暦のため、現在の太陽暦とは約一か月のずれがある。

「文月」と「神無月」には、二つの読み方がある。また、古文中に「五月のつごもり…」などと表記されている場合は、「五月」を「ごがつ」と読まずに「さつき」と読むことが多い。特に、古文のテストで「五月」の読み方を答える場合は、「ごがつ」と読んでは正解にならないから注意する。

例 長月①の有明の月にさそはれて、
訳 ［九月］の有明の月（の美しさ）にさそわれて、

例 神無月②のころ、栗栖野《くるすの》といふ所を過ぎて、
訳 ［十月］のころ、栗栖野という所を過ぎて、

①は［ながつき］と読み、②は［かんなづき（かみなづき）］と読む。

例題

一 「未」の読み方を次から選び、記号で答えなさい。〔國學院高〕
ア うし　イ うま　ウ ひつじ
エ いぬ　オ さる
［ウ］

二 (1) 「卯」は十二支の何番目に当たるか。漢数字一字で答えなさい。
(2) 「卯」に結びつけられている動物名をひらがなで答えなさい。〔慶應義塾志木高〕
［四］［うさぎ］

三 「辰巳」とは、十二支で方角を示したものである。「子《ね》」は北を示し、以降は時計回りに方角を示していく。「辰巳」の方角として適当なものを次から選び、記号で答えなさい。〔東海大付相模高〕
ア 北東　イ 北西　ウ 南東
エ 南西
［ウ］

四 「きさらぎ」とは何月の異名か。漢数字で答えなさい。〔早稲田大高等学院〕
［二］

五 「六月」の月の異名（古い呼び名）を漢字で答えなさい。〔早稲田実業高〕
［水無月］

六 「八月」の異名を次から選び、記号で答えなさい。〔鳥取〕
ア 神無月　イ 水無月
ウ 葉月　エ 師走
［ウ］

16 ⑤古文資料 旧国名と都府県名との対照表

◆**旧国名とは** 奈良時代から明治時代の初めまで使われていた**令制国**《りょうせいこく》**の名称**のことである。令制国とは、律令制《りつりょうせい》によって設置された行政区分で、日本の地理的区分の基本単位になっている。
旧国名と現在の都府県名との対比は次の表のようになる。蝦夷国《えぞこく》と琉球王国《りゅうきゅうおうこく》は令制国には含まれていなかったが、蝦夷国は一八六九年に北海道の名称で広域地方行政区画とされ、琉球王国は一八七一年に令制国として鹿児島県に編入されたのち沖縄県となった。

旧国名は、現在でも伊勢《いせ》市・出雲《いずも》市・美濃《みの》市などの市名や、「土佐《とさ》日記」・「伊豆《いず》の踊子」などの作品名にもその名をとどめている。


チェックポイント▼旧国名と都府県名との対照表

区分	旧国名	都府県名
東山道《とうさんどう》	近江《おうみ》	滋賀
	美濃《みの》	岐阜
	飛騨《ひだ》	岐阜
	信濃《しなの》	長野
	上野《こうずけ》	群馬
	下野《しもつけ》	栃木
	岩代《いわしろ》	福島
	磐城《いわき》	福島・宮城
	陸前《りくぜん》	宮城・岩手
	陸中《りくちゅう》	岩手・秋田
	羽前《うぜん》	山形
	羽後《うご》	秋田・山形
	陸奥《むつ》	青森・岩手
北陸道《ほくりくどう》	若狭《わかさ》	福井
	越前《えちぜん》	福井
北陸道《ほくりくどう》	加賀《かが》	石川
	能登《のと》	石川
	越中《えっちゅう》	富山
	越後《えちご》	新潟
	佐渡《さど》	新潟
東海道《とうかいどう》	伊賀《いが》	三重
	伊勢《いせ》	三重
	志摩《しま》	三重
	尾張《おわり》	愛知
	三河《みかわ》	愛知
	遠江《とおとうみ》	静岡
	駿河《するが》	静岡
	伊豆《いず》	静岡
	甲斐《かい》	山梨
	相模《さがみ》	神奈川
東海道《とうかいどう》	武蔵《むさし》	東京・埼玉・神奈川
	安房《あわ》	千葉
	上総《かずさ》	千葉
	下総《しもうさ》	千葉・茨城
	常陸《ひたち》	茨城
畿内《きない》	山城《やましろ》	京都
	大和《やまと》	奈良
	河内《かわち》	大阪
	和泉《いずみ》	大阪
	摂津《せっつ》	大阪・兵庫
山陰道《さんいんどう》	丹波《たんば》	京都・兵庫
	丹後《たんご》	京都
	但馬《たじま》	兵庫
	因幡《いなば》	鳥取
山陰道《さんいんどう》	伯耆《ほうき》	鳥取
	出雲《いずも》	島根
	石見《いわみ》	島根
	隠岐《おき》	島根
山陽道《さんようどう》	播磨《はりま》	兵庫
	美作《みまさか》	岡山
	備前《びぜん》	岡山
	備中《びっちゅう》	岡山
	備後《びんご》	広島
	安芸《あき》	広島
	周防《すおう》	山口
	長門《ながと》	山口
南海道《なんかいどう》	紀伊《きい》	和歌山・三重
	淡路《あわじ》	兵庫
南海道《なんかいどう》	阿波《あわ》	徳島
	讃岐《さぬき》	香川
	土佐《とさ》	高知
	伊予《いよ》	愛媛
西海道《さいかいどう》	筑前《ちくぜん》	福岡
	筑後《ちくご》	福岡
	豊前《ぶぜん》	福岡・大分
	豊後《ぶんご》	大分
	日向《ひゅうが》	宮崎
	肥前《ひぜん》	佐賀・長崎
	肥後《ひご》	熊本
	薩摩《さつま》	鹿児島
	大隅《おおすみ》	鹿児島
	壱岐《いき》	長崎
	対馬《つしま》	長崎

チェックポイント▼旧国名地図

例 古文に出てくる次の旧国名の都府県名を書いてみよう。
① すでに美濃《みの》の国・伊勢《いせ》の国に着くと聞こえしかば…。（平家物語）
② また播磨《はりま》の国におはしましつきて…。（大鏡）
③ 丹後《たんご》へくだりけるほどに…。（十訓抄）
④ 秋ころ和泉《いづみ》に下るに…。（更級日記）
⑤ 越中《えっちゅう》の国市振《いちぶり》の関にいたる。（おくのほそ道）

a	b	c	d	e	f
岐阜	三重	兵庫	京都	大阪	富山

例題

一 「信濃」は今のどの都府県にあたるか。適当なものを次から選び、記号で答えなさい。〔東海大付相模高〕

ア 東京都　イ 京都府　ウ 長野県　エ 岐阜県

ウ

二 「美濃の国」は現在の何県にあたるか。適当なものを次から選び、記号で答えなさい。〔堀越高〕

ア 愛知県　イ 福井県　ウ 滋賀県　エ 奈良県　オ 岐阜県

オ

17 竹取物語(1)

◇①〜④を口語訳し、( )には現代仮名遣いを記入しなさい。

今*は昔、竹取の翁《おきな》*といふ《う》ものありけり。野山にまじりて竹を取りつつ、よろづ《ず》のことに使ひ《い》けり。名をば、さぬき*のみやつことなむ《ん》いひ《い》ける。

その竹の中に、もと光る竹なむ《ん》一筋ありける。①あやしがりて、寄りて見るに、筒の中光りたり。それを見れば、三寸*ばかりなる人、②いとうつくしう《しゅう》てゐ《い》*たり。

翁言ふやう《うよう》、

「われ朝ごと夕ごとに見る竹の中におはする*《わ》にて、知りぬ。子となりたまふ《う》べき人なめり*。」

とて、手にうち入れて家へ持ちて来《き》ぬ*。妻《め》の女に預けて養はす《わ》。③うつくしきこと限りなし。いと幼ければ、籠《こ》に入れて養ふ《う》。

竹取の翁、竹を取るに、この子を見つけてのちに竹取るに、節を隔ててよごとに*金《こがね》ある竹を見つくること重なりぬ。かくて*、④翁やうやう《ようよう》豊かになりゆく。

大意 竹取の翁が、ある日竹の筒の中から三寸ばかりの人を見つけた。家で育て始めてから、取る竹ごとに黄金を見つけ、翁は金持ちになっていく。

訳 今ではもう昔のことだが、竹取の翁という人がいた。野や山に分け入って竹を取っては、いろいろな物を作るのに使っていた。名前を、さぬきのみやつこといった。

その竹の中に、根元の光る竹が一本あった。①不思議に思って、近寄って見ると、筒の中が光っていた。その中を見ると、(身長が)三寸ほどの人が、②とてもかわいらしい様子で座っていた。

翁が言うことには、

「私が毎朝毎夕に見る竹の中にいらっしゃるので、わかった。(私の)子とおなりになるはずの人のようだ。」

と言って、手の中に入れて家へ持って帰って来た。妻である女性に預けて育てさせる。③かわいらしいことはこのうえもない。とても小さいので、かごに入れて育てる。

竹取の翁は、竹を取るのに、この子を見つけてからのちに竹を取ると、節を隔ててどの節にもすべてに黄金の入っている竹を見つけることが続いた。このようにして、④翁はだんだん金持ちになっていく。

***今は昔**＝物語や説話の書き出しの形式。今ではもう昔のことだが。むかしむかし。
***翁**＝年をとった男。年をとった女は「嫗《おうな》」と言う。
***さぬきのみやつこ**＝人の名前。「みやつこ」は、朝廷に仕えていたことを表している。
***三寸**＝約十センチメートル。ここでは、身長がたいそう小さいことを表している。
***ゐたり**＝「ゐ」は、「ゐる」という動詞の連用形。ただ「ゐる」よりは、「座っている」状態を表す。
***おはする**＝いらっしゃる。尊敬を表す動詞。
***なめり**＝「なるめり」のつづまったもの。…のようだ。
***来ぬ**＝来た。「来《こ》ぬ」と読む場合は、「来ない」と訳す。
***よごとに**＝「よ」は竹の節と節との間のこと。
***かくて**＝このようにして。こうして。

18 竹取物語 (2)

◇①②③⑤を口語訳(①は助詞、②③は主語を補う)し、④⑥は結びの語を□で囲みなさい。

この児《ちご》、養ふほどに、すくすくと大きになりまさる。三月《みつき》ばかりになるほどに、よきほどなる人になりぬれば、髪上《かみあ》げなど左右《さう》して、髪上げさせ、裳《も》着す。帳《ちやう》の内よりも出ださず、いつき養ふ。この児の容貌《かたち》のけうらなること世になく、家《や》の内は暗き所なく、光満ちたり。①翁心地あしく苦しき時も、この子を見れば、苦しきこともやみぬ。②腹立たしきこともなぐさみにけり。

翁竹を取ること久しくなりぬ。勢ひ猛《まう》の者になりにけり。この子いと大きになりぬれば、名を、御室《みむろ》戸斎部《といむべ》の秋田を③呼びてつけさす。秋田、なよ竹のかぐや姫とつけつ。このほど三日うちあげ遊ぶ。よろづの遊びを④ぞし④ける(「けり」の連体形)。男はうちきらはず呼び集《つど》へて、いとかしこく遊ぶ。

世界の男《をのこ》、⑤貴《あて》なるも賤《いや》しきも、いかで、このかぐや姫を得てしがな、見てしがなと、音《おと》に聞きめでて惑《まど》ふ。そのあたりの垣《かき》にも家の門《と》にも居《を》る人だにたはやすく見るまじきものを、夜は安き寝《い》も寝《ね》ず、闇の夜に出でても穴をくじり、垣間見《かいまみ》、惑ひあへり。さる時より⑥なむ「よばひ」とは言ひ⑥ける(「けり」の連体形)。

大意 成人したかぐや姫のために、竹取の翁は成人式・命名式を行って祝う。世の中の男たちは、そのかぐや姫を自分のものにしたいと夢中になっている。

訳 この児を育てるうちに、すくすくと大きな(体)に成長する。三カ月ほどになるうちに、ちょうどよい(一人前の背丈の)人になったので、女子の成人式の手配をして、髪を結い上げさせ、裳を着せる。帳の内からも出さないで、大切に養育する。この児の顔かたちが美しく上品なことは世間に類がなく、(この児が家にいると)家の内は暗い所がなく、光が満ちあふれている。①翁は気持ち悪く苦しい時も、この子を見ると、苦しいこともやんでしまった。②翁は腹立たしいことも気がまぎれてしまった。

翁は竹を取ることが長い間続いた。(黄金の入った竹を取り続けていたため)勢力が強い者になったのだった。この子がたいそう大きくなったので、名前を、御室戸斎部の秋田を③翁は呼んでつけさせる。秋田は、竹のように細くしなやかなかぐや姫とつけた。この(成人式・命名式の)三日間は祝宴をして楽しんだ。あらゆる遊びをした。男はだれでもかまわず呼び集めて、たいそう盛大に(宴会を)楽しんだ。

世の中の男は、⑤身分の高い者も低い者も、なんとかして、このかぐや姫を手に入れたいものだ、(顔を)見たいものだ[結婚を意味する]と、うわさに聞いて夢中になる。その[翁の家]周辺の垣根にも家の門にもいる(家)人でさえも容易に見られるわけではないのに、(男たちは)夜は安らかに眠りもしないで、闇夜に(翁の家に)出かけて来てまで(垣根に)穴をあけ、垣根ごしにこっそりのぞいて見て、夢中になっている。その時以来、(求婚のことを)「よばい」と言うようになったのである。

*この児＝かぐや姫を指す。
*三月ばかり＝約三カ月で三寸ほどから、ふつうの人間と同じくらいに成長している。
*髪上げ＝女子の成人式の儀式として行う。
*左右して＝あれこれ指図し、命令すること。手配して。
*裳着す＝裳を着せる。「裳」は、女性の正装の衣服。
*帳＝室内で織物を垂れて周囲からへだてるもの。現在のカーテン。
*けうらなること＝美しく上品なこと。
*家の内は暗き所なく、光満ちたり＝かぐや姫が月の世界の者であることを暗示した表現である。
*勢ひ猛の者＝例文17(43ページ)で、竹取の翁が竹を取るとどの節にも黄金が入っていたことが描かれている。そのため金持ちになり勢力が強くなったのである。
*遊び＝古文では、詩歌・管弦などを楽しむことに使われることが多い。ここは広く宴会を楽しむ意味に訳してある。
*寝《い》も寝《ね》ず＝眠りもしない。
*くじり＝穴をあける。えぐる。
*垣間見＝垣根ごしにこっそりのぞいて見ること。

19 竹取物語 (3)

◇①②④を口語訳(②④は主語を補う)し、③は結びの語を□で囲み、( )には古い呼び方を記入しなさい。

春のはじめより、かぐや姫、①月のおもしろう出でたるを見て、常よりもの思ひたるさまなり。ある人の、

「月の顔見るは忌《い》むこと。」

と制しけれども、ともすれば、人間《ひとま》にも月を見ては、②いみじく泣き給ふ。

七月《ふみづき》(「ふづき」でもよい。)十五日の月に出で居《ゐ》て、せちにもの思へる気《け》色《しき》なり。近く使はるる人々、竹取の翁に告げていはく、

「かぐや姫、例も月をあはれがり給へども、このごろとなりては、ただ事にも侍《はべ》らざんめり。いみじく思《おぼ》し嘆くことあるべし。よくよく見たてまつらせ給へ。」

と言ふを聞きて、かぐや姫に言ふやう、

「なんでふ心地すれば、かくものを思ひたるさまにて月を見給ふぞ。うましき世に。」

と言ふ。かぐや姫、

「月見れば世間《せけん》心細くあはれに侍り。なんでふものを③か嘆き侍る③べき(「べし」の連体形)。」

と言ふ。

かぐや姫のある所に至りて見れば、④なほもの思へる気色なり。

大意 春の初めから、かぐや姫は月を見て泣き悲しんでいた。その様子を見た者から話を聞いた竹取の翁が、かぐや姫に問いただすがそれを認めようとはしなかった。だが、数日後、竹取の翁はもの思いに沈んでいるかぐや姫を目撃する。

訳 春の初めから、かぐや姫は、①月が美しく出ているのを見て、いつもよりもの思いをしている様子である。ある人が、

「月を見ることは不吉なことですよ。」

と止めたけれども、ややもすると、人のいないときにも月を見ては、②かぐや姫はひどく泣きなさる。

七月十五日の月に(軒近くに)出て座って、しきりにもの思いをしている様子である。(かぐや姫の)近くで使われている人々が、竹取の翁に告げて言うことには、

「かぐや姫は、いつも月を(見ては)しみじみと感動なさるけれども、このごろでは、ただ事でもないようです。ひどく悲嘆なさることがあるようです。十分に気をつけなさいませ。」

と言うのを聞いて、(翁が)かぐや姫に言うには、

「どういう気持ちがするので、このように(深く)思いこんだ様子で月を見なさるのですか。よい世の中なのに。」

と言う。かぐや姫は、

「月を見ると世の中が心細くさびしく思われます。どうしてものを嘆くことがありましょうか、いや、嘆くことはありません。」

と言う。

(何日かして)かぐや姫がいる所に(竹取の翁が)行って見ると、④かぐや姫はやはりもの思いをしている様子である。

*忌むこと＝月を見ることを恐れつつしんでいた時代があった。
*人間＝「ひとま」と読み、人のいないときのことをいう。
*せちに＝しきりに。切実に。ひたすら。
*近く使はるる人々＝かぐや姫の側近として使われている女性たち。
*侍らざんめり＝「侍らざるめり」が変化したもの。
*なんでふ＝文中には二箇所出てくる。最初は疑問を表し、「どういう・なんという」と訳す。二つ目は下に「か」(傍線③)があるため反語を表し、「どうして…か、いや、…ない」と訳す。
*うましき世＝「うまし」はものをほめる言葉。竹取の翁にとっては、満足できる世の中であったことがわかる。
*世間＝世の中。
*ある所＝いる所。

20 竹取物語 (4)

◇①④を口語訳(①は助詞を、④は主語を補う)し、②③は結びの語を□で囲み、( )には古い呼び名を記入しなさい。

八月《はづき》十五日ばかりの月に出で居《ゐ》て、①かぐや姫いといたく泣き給ふ。人目もいまはつつみ給はず泣き給ふ。これを見て、親どもも、

「なに事ぞ。」

と問ひさわぐ。かぐや姫泣く泣くいふ、

「さきざきも申さむと思ひしかども、かならず心惑ひし給はむ物ぞと思ひて、いままで過ごし侍《はべ》りつるなり。さのみやはとて、うち出で侍りぬるぞ。おのが身はこの国の人にもあらず、月の都の人なり。それを昔の契《ちぎり》ありけるによりなむ②この世界にはまうで来《きた》り②ける(「けり」の連体形)。いまは帰るべきになりにければ、この月の十五日に、かのもとの国より、迎へに人々まうで来《こ》むず。さらずまかりぬべければ、思《おぼ》しなげかんが悲しきことを、この春より思ひなげき侍るなり。」

といひて、いみじく泣くを、翁、

「こはなでふ事のたまふぞ。竹の中より見つけきこえたりしかど、菜種の大きさおはせしを、わが丈《たけ》立ち並ぶまで養ひたてまつりたる我が子を、なに人か迎へきこえむ。まさに許さんや。」

といひて、

「われ③こそ死な③め(「む」の已然形)。」

とて④泣きののしること、いと耐へがたげなり。

大意 人間世界で生活していたかぐや姫は、月に帰らなければならないことを八月十五日ごろ両親に告げる。それを聞いた翁は、自分は死んでしまいたいと騒ぐ。

訳 八月十五日ごろの月に(軒近くに)出て座って、①かぐや姫がたいそうひどく泣きなさる。人の見ているのも今となってはかまわずに泣きなさる。これを見て、親たちも、

「なんのことか。」

と(理由を)尋ね騒ぐ。かぐや姫が泣きながら言うには、

「以前にも申し上げようと思ったけれども、きっと心配なさるにちがいないと思って、今まで(申し上げないで)過ごして来たのです。そう(隠して)ばかりおられようかと、口に出してしまうのです。私の身はこの(人間の)国の人でもなく、月の都の人である。それなのに昔からの約束があったために、この(人間)世界にやって来たのである。今は帰らなければならない(とき)になったので、今月の十五日に、あのもとの国から、迎えに人々がやって来ようとしている。やむをえなく(月へ)帰らなければならないので、(あなたたちが)お思い嘆くかもしれないことが悲しく、それを(私は)この春から思い嘆いているのです。」

と言って、ひどく泣くのを、翁は、

「これはなんということをおっしゃるのか。竹の中から見つけ申し上げたけれども、菜種の大きさでいらっしゃったのを、私の背たけと立ち並ぶほどまで養い申し上げた私の子を、だれがお迎え申し上げようか、いや、お迎え申し上げられない。どうして(迎えを)許そうか、いや、許さない。」

と言って、

「自分は死のう。」

と(言って)④翁が泣き騒ぐことは、(かぐや姫にとっては)たいそう耐えきれない様子である。


*さのみやは＝そう隠してばかりおれようか、いや、おれはしない。「やは」は反語。

*昔の契＝昔からの約束。

*もとの国＝月の都。

*来むず＝来るだろう。「むず」は推量を表す助動詞。…だろう。

*さらず＝「避《さ》らず」で、避けられない。やむをえない。

*こはなでふ事＝これはなんということ。「なでふ」は「なにといふ」のつづまったもの。

*きこえ＝「…申し上げる」と訳す敬語。「聞こえる」とは訳さない。

*なに人か迎へきこえむ＝だれがお迎え申し上げようか、いや、お迎え申し上げられない。「か…む」で係り結びになり、「か」は反語になる。

*まさに許さんや＝どうして許そうか、いや、許さない。「まさに…や」で反語になる。

21 枕草子 (1)

◇①〜④を口語訳(①③は述語を補う)し、⑤は主語を現代語で補いなさい。

春はあけぼの。やうやう白くなりゆく山ぎは、すこしあかりて、紫だちたる雲のほそくたなびきたる。

①夏は夜。月のころはさらなり、やみもなほ、蛍の多く飛びちがひたる。また、ただ一つ二つなど、ほのかにうち光りて行くもをかし。雨など降るもをかし。

秋は夕暮れ。夕日のさして山の端《は》いと近《ちか》うなりたるに、烏《からす》の寝どころへ行くとて、三《み》つ四《よ》つ、二つ三つなど、②飛びいそぐさへあはれなり。まいて雁《かり》などのつらねたるが、いと小さく見ゆるはいとをかし。日入りはてて、風の音、虫の音《ね》など、はたいふべきにあらず。

③冬はつとめて。雪の降りたるはいふべきにもあらず、霜のいと白きも、またさらでもいと寒きに、火など急ぎおこして、炭もて渡るも④いとつきづきし。昼になりて、⑤ぬるくゆるびもていけば、火桶《ひをけ》の火も白き灰がちになりてわろし。

大意 どの季節も心引かれるが、特に春はあけぼの、夏は夜、秋は夕暮れ、冬は早朝が趣深い。

訳 春は夜明けがた(が趣深い)。だんだんと白くなっていく山ぎわが、少し明るくなって、紫がかった雲が(その山のあたりに)細くたなびいている(のが趣深い)。

①夏は夜が趣深い。月のころはいうまでもなく、やみ夜もやはり、蛍がたくさん乱れ飛んでいる(のが趣深い)。また、たった一匹か二匹ぐらい、かすかに光って(飛んで)いくのも趣深い。雨などが降るのも趣深い。

秋は夕暮れ(が趣深い)。夕日が照って山の端にたいそう近くなったところに、烏がねぐらへ帰ろうとして、三羽四羽、二羽三羽など、②急いで飛んでいくのまでも趣深い。まして雁などで列を作って(飛んで)いるのが、たいそう小さく見えるのはたいそう趣深い。日がすっかり沈んでしまって、(周囲に聞こえる)風の音、虫の鳴き声なども、またいいようもなく(趣深い)。

③冬は早朝が趣深い。雪が降っているのはいうまでもないが、霜がたいそう白い(早朝)も、またそうでなくても、たいそう寒いので、火などを急いでおこして、炭を持って(廊下などを)通っていくのも④たいそう似つかわしい。昼になって、⑤寒さがだんだんゆるんでいくと、火ばちの火も白い灰ばかりになってよくない。

*山ぎは＝空の山に接するように見えるあたり。

*あかりて＝明るくなって。

*紫だちたる＝紫がかった。現在の紫よりも赤みが強い。あかね色。

*さらなり＝いうまでもない。

*をかし＝趣深い。風情がある。心引かれる。

*山の端＝山の空に接する部分。「山ぎは」に対する語。

*あはれなり＝「をかし」と同じように、趣深いことを表す語。14ページ参照。

*まいて＝「まして」が変化した語。

*虫の音《ね》＝楽器や人の泣き声、鳥や虫の鳴き声の場合は、「音」を「ネ」と読む。

*つとめて＝早朝と翌朝の意がある。ここは前者の意になる。

*さらでも＝そうでなくても。

*もて＝「持ちて」と同じ。
*ゆるび＝ゆるくなる。うすらぐ。
*火桶＝木製の丸火ばち。
*わろし＝よくない。感心しない。

22 枕草子 (2)

◇①は述語を文中の語で補い、②③を口語訳し、④は何が桜の花に劣らないのかを答え、(　)には古い呼び名を記入しなさい。

木の花は、濃きも薄きも紅梅。桜は、花びらおほきに、葉の色濃きが、枝ほそくて咲きたる。藤の花は、しなひ長く、色濃く咲きたる、いとめでたし。

四月《うづき》のつごもり、五月《さつき》のついたちのころほひ、橘《たちばな》の葉の濃く青きに、花のいと白う咲きたるが、雨うち降りたるつとめてなどは、世になう心あるさまにをかし。花のなかより黄金《こがね》の玉かと見えて、いみじうあざやかに見えたるなど、朝露にぬれたる朝ぼらけの桜におとらず。

*しなひ＝藤の花房。
*つごもり＝月の終わりごろ。月末。
*青き＝「青」は、緑色・藍《あい》色・水色も含む。
*世になう＝めったにない。またとない。
*黄金の玉＝花の中から見える実を「黄金の玉」にたとえている。

大意 春の木に咲く花は、紅梅・桜・藤がすばらしい。また、雨が降った早朝の橘の花の実をつけた様子は、桜に劣らないほど趣深い。

訳 (春に咲く)木の花(の中)では、(色の)濃いのも薄いのも紅梅が①めでたし。桜は、花びらが大きくて、葉の色の濃いのが、細い枝に咲いている(のがすばらしい)。藤の花は、花房が長く、色濃く咲いているのが、②たいそうすばらしい。

四月の末日か、五月の初めごろ、橘の葉の濃い緑色をしているのに、花がたいそう白く咲いているのが、③雨の降っている早朝(に見られる景色)などは、めったになく味わいのある様子で趣深い。(白い)花の中から(その実が)黄金の玉かと見えて、たいそうはっきりと見えている(様子)などは、朝露にぬれた夜明けがたの桜の花(の美しさ)に④橘の花が劣らない。

23 枕草子 (3)

◇①②を口語訳し、③④は結びの語を□で囲み、(　)には古い呼び名を記入しなさい。

蓑虫《みのむし》、いとあはれなり。鬼の生みたりければ、親に似て、これもおそろしき心あらむとて、親のあやしき衣《きぬ》引き着せて、

「いま秋風の吹かむをりぞ来《こ》むとする。待てよ。」

とい　ひおきて、逃げて往《い》にけるも知らず、風の音を聞き知りて、八月《はづき》ばかりになれば、

「ちちよ、ちちよ。」

とはかなげに鳴く、いみじうあはれなり。

（中略）

蟻《あり》は、いとにくけれど、軽《かろ》びいみじうて、水の上などをただあゆみにあゆみありくこそをかしけれ。

（「する」＝「す」の連体形）（「をかしけれ」＝「をかし」の已然形）

*軽び＝身軽さ。
*あゆみにあゆみありく＝どんどん歩き回る。

大意 蓑虫は、親に逃げられたことも知らずに、親を呼んで心細げに鳴くのはふびんである。蟻は、気にくわない虫だが、水の上でも身軽に歩き回るのはおもしろい。

訳 蓑虫は、たいそう①ふびんである。鬼が生んだということだから、親に似て、これも恐ろしい心を持っているだろうと、親が②粗末な着物を着せて、

「もうすぐ、秋風の吹き出すころには(迎えに)来るつもりだ。(それまで)待っていなさい。」

と言い残して、逃げ去ってしまったのも知らないで、風の音を聞き分けて、八月のころになると、

「父よ、父よ。」

と心細げに鳴くのは、たいそうふびんである。

（中略）

蟻は、たいそういや(な虫)だけれど、身軽さはたいしたもので、水の上などをそのままどんどん歩き回っているのがおもしろい。

24 枕草子 (4)

◇①は省略されている語を文中から抜き出し、②④を口語訳し、③は動作主を文中の語で答えなさい。

はしたなきもの。こと人を呼ぶに、われぞとてさしいでたる。物など取らするをりはいとど。おのづから人のうへなどうち言ひそしりたるに、をさなき子どもの聞きとりて、その人のあるに言ひいでたる。

あはれなることなど人の言ひいで、うち泣きなどするに、げにいとあはれなりなど聞きながら、なみだのつといで来《こ》ぬ、いとはしたなし。泣き顔つくり、けしきことになせど、いとかひなし。めでたきことを見聞くには、まづただいで来《き》にぞいで来《く》る。

*はしたなきもの＝間が悪いもの。きまりが悪いもの。
*こと人＝異人。自分以外の人。他人。
*おのづから＝たまたま。偶然に。
*つと＝すぐに。即座に。
*いで来にぞいで来る＝涙がとめどもなく出て来る。

大意 間の悪いもの。呼ばれて人違いだった場合。特に、物をくれるときはいっそうきまりが悪い。人の悪口がその人にばれた場合。悲しい話を聞いても涙が出てこない場合。

訳 間が悪いもの。他の人を呼ぶのに、自分(が呼ばれた)と思って出しゃばった(のは間が悪い)。物などくれるときはいっそう①はしたなし。たまたまある人のことなどを言いけなしているときに、幼い子どもが聞き覚えて、その人のいる所で言い出した(のは間が悪い)。

②悲しいことなどを人が言い出して、(その人が)泣いたりなどするのに、本当にたいそう悲しいなどと聞きながら、③われ(は)涙がすぐに出て来ないのは、たいそう間が悪い。泣き顔をつくり、様子もふつうではなくつくってみるけれども、まったく効き目がない。④すばらしいことを見たり聞いたりするときは、まずむやみに(涙が)とめどもなく出て来る。

25 枕草子 (5)

◇②③を口語訳(②は省略語を、③は主語を補う)し、①は同じような意味を表す一語を□で囲みなさい。

うつくしきもの。瓜《うり》にかきたるちごの顔。すずめの子の、ねず鳴きするに踊り来る。二つ三つばかりなるちごの、急ぎてはひくる道に、いと小さきちりのありけるを目ざとに見つけて、いとをかしげなるおよびにとらへて、大人などに見せたる、いとうつくし。頭《かしら》はあまそぎなるちごの、目に髪のおほへるをかきはやらで、うちかたぶきてものなど見たるもうつくし。

*ちご＝幼児。おさな子。
*ねず鳴き＝ねずみの鳴きまね。
*はひくる道＝はってくる途中。
*および＝指。
*あまそぎ＝少女の髪型。肩のあたりで髪を切りそろえたもの。
*かきはやらで＝かき払いもしないで。
*うちかたぶきて＝首をかたむけて。

大意 かわいらしいもの。瓜にかいた幼児の顔。ねずみの鳴きまねで近寄って来るすずめの子。ごみをつまんで大人に見せる幼児。首をかたむけて物を見る幼児。

訳 かわいらしいもの。②瓜にかいた幼児の顔がかわいらしい。すずめの子が、ねずみの鳴きまねをすると踊るようにしてやって来る(のがかわいらしい)。二つ三つぐらいである幼児が、急いではってくる途中に、たいそう小さいちりがあったのを目ざとく見つけて、たいそうかわいらしい指でつまんで、③幼児が大人などに見せている(のは)、たいそうかわいらしい。髪の毛は肩のあたりで切りそろえた髪型である幼児が、目に髪がおおいかぶさっているのを(手で)かき払いもしないで、(首を)かたむけて物などを見ているのもかわいらしい。

26 平家物語（1）

◇①③を口語訳し、②はだれがだれのところに参上することがなかったのか、④は何を指すか、⑤は主語を答えなさい。

大意　忠度が和歌の師である俊成に、勅撰集の命令があったときは一首でも選んでもらえればうれしいと、これまでに詠んだ歌のうちから百首余りを巻物として渡した。

薩摩守《さつまのかみ》（平忠度。平清盛の弟。）のたまひけるは、

「①年ごろ申し承《うけたまは》つて*のち、おろかならぬ（いいかげんでない。）御事に思ひまゐらせ候《さぶら》へども（思っておりましたが。）、この二三年は、京都のさわぎ、国々の乱れ、しかしながら（すべて。）当家（平家一門。）の身の上の事に候ふ（運命に関すること。）間（ので。）、疎略《そらく》を存ぜず（歌のことをいいかげんに思わない。）といへども、②常にまゐりよることも候はず。君（天皇。）すでに都を出でさせ給ひぬ。一門の運命はやつき候ひぬ。撰集《せんじふ》（勅撰和歌集を編集すること。）のあるべき由《よし》承り候ひしかば、生涯の面目《めんぼく》（一生の名誉。）に、一首なりとも御恩《ごおん》をかうぶらう（俊成卿のご恩によって歌を選んでいただきたいと。）と存じて候ひしに、③やがて世の乱れ出で来て、その*さたなく候ふ条《でう》、*ただ一身のなげきと存じ候ふ。世しづまり候ひなば、勅撰《ちよくせん》の御さた候はむずらむ（ございますでしょう。）。これ（ここ）に候ふ巻物《まきもの》（にあります巻物。）のうちに、さりぬべきもの（適当な歌。）候はば、一首なりとも御恩をかうぶりて、*草のかげにても、うれしと存じ候はば、遠き御まもり（遠いあの世からのあなたのお守り。）とこそ成り参らせ候はむずれ。」

とて、日ごろよみおかれたる歌どものなかに、秀歌《しうか》とおぼしきを百余首《ひやくよしゆ》書き集められたる巻物を、今は（今は最後）とて（だと思って。）*うつ立たれける時、④これをとって⑤持たれたりしが、鎧《よろひ》の*引合《ひきあは》せより取り出でて、俊成卿《しゆんぜいきやう》（藤原俊成。「千載《せんざい》和歌集」の撰者。）にたてまつる。

（58ページに続く）

*申し承つて＝歌について忠度が俊成卿にお教えを受けて。
*さたなく候ふ条＝命令がありませんことは。「さた」は、命令。ここは勅命。「条」は、「…こと」と訳す名詞。
*ただ一身のなげき＝世間一般の嘆きであるけれども、自分一人だけが嘆いているように強く感じている様子。
*草のかげ＝「草葉のかげ」とも言う。死後。あの世。
*うつ立たれける時＝自宅を出発なさった時。「うつ」は「うち」が変化したもの。
*引合せ＝鎧《よろひ》の前後の胴《どう》を右脇で合わせてひもで結ぶところ。物を入れておく場合もある。

訳　薩摩守（平忠度《ただのり》）が（俊成卿に）おっしゃったことには、

「①長年 歌についてお教えを受けたのち、（歌を）いいかげんでないことと思っておりましたが、この二、三年は、京都での騒ぎ、（地方の）国々の争乱（が起こり）、すべて平家一門の運命に関することでありましたので、歌のことをいいかげんに思わないと言っても、②薩摩守（忠度）が俊成卿のところに いつも参上することもありません。天皇は既に都をお出になられました。平家一門の運命はもう尽きてしまいました。勅撰和歌集を編集することがあるだろうということをうかがっておりましたので、一生の名誉のために、一首でも俊成卿のご恩によって歌を選んでいただきたいと考えておりましたのに、③すぐに世間の争乱が起こって、勅撰の命令がありませんことは、ただ私一人の嘆きと思っています。世の中が静まりましたならば、勅撰のご命令がございますでしょう。ここにあります巻物の（歌の）中に、適当な歌がありましたならば、一首でも（俊成卿の）ご恩をお受けして（選んでいただき、私が）あの世ででも、うれしいと思いましたならば、遠いあの世からのあなたのお守りとなり申しましょう。」

と言って、日ごろ詠《よ》んでおかれた多くの歌の中で、すぐれた歌と思われるものを百首余り書き集められた巻物を、今は最後だ、と思って自宅を出発なさった時に、④巻物を取って⑤薩摩守（忠度）が持たれていたが、（それを）鎧の胴《どう》の合わせ目から取り出して、俊成卿に差し上げる。

27 平家物語（2）

◇（57ページから続く）①③を口語訳し、④⑤は主語を答え、②⑥は結びの語を□で囲みなさい。

大意　忠度から渡された巻物を見た俊成が、この形見をおろそかにしないと言うと、忠度はよろこんで西へ向かって去って行った。その後、俊成は「千載集」に忠度の歌の一首を「読み人しらず」として入れた。

三位*これをあけて見て、

「かかる忘れ形見（忘れないために死後に残しておく記念の品物。）を給はり置き候《さぶら》ひぬるうへは、*ゆめゆめ疎略《そりやく》を存ずまじう候ふ（（この巻物の歌を）おろそかには思わないでございましょう。）。①御疑《おんうたが》ひあるべからず。さてもただ今の御渡りこそ（それにしても。）、②情《なさ》け（風流心。）も勝《すぐ》れて深う、あはれも殊《こと》に思ひしられて、感涙《かんるい》（ものに感動して流す涙。）おさへがたう②候へ（「候ふ」の已然形）。」

とのたまへば、薩摩守《さつまのかみ》よろこんで、

「今は西海《さいかい》の波の底に*沈《しづ》まば沈め、山野《さんや》に屍《かばね》（死体。）をさらさばさらせ（さらすならさらしてもかまわない。）、浮世《うきよ》（この世。）に思ひ置くこと候はず（思い残すことはありません。）。さらば暇《いとま》申して。」

とて、馬に打ち乗り、甲《かぶと》の緒《を》をしめ、西を指《さ》いてぞ歩《あゆ》ませ給ふ（「馬を歩ませ給ふ」のこと。）。三位、後ろを遥《はる》かに見送つて立たれたれば、忠度《ただのり》の声と覚《おぼ》しくて、

「*前途《ぜんと》ほど遠し、思ひを雁山《がんざん》の夕べの雲に馳《は》す。」

と、高らかに口ずさみ給へば、俊成卿、いとど③名残《なごり》惜しう覚えて、涙を抑《おさ》へてぞ入り給ふ。

その後、世静まつて（戦乱がおさまって。）、④千載集《せんざいしふ》（「千載和歌集」のこと。）を撰《せん》ぜられけるに、忠度のありし有様、*言ひおきし言《こと》の葉《は》、今更《いまさら》思ひ出《い》でてあはれなりければ、（中略）「故郷花《こきやうのはな》」といふ題にて⑤詠《よ》まれたりける歌一首⑥ぞ、*読み人しらずと入れられ⑥ける（「けり」の連体形）。

*三位＝藤原俊成のこと。俊成は、皇太后宮大夫正三位という位を持っていたことにより「三位」と呼ばれた。
*ゆめゆめ…まじう＝決して…ない。
*沈まば沈め＝沈むなら沈んでもかまわない。「沈め」は命令形で、そうあってもかまわないという意を表す。
*前途ほど遠し＝平安時代に成立した「和漢朗詠集《わかんらうえいしふ》」という和歌や漢詩文を集めた書物の中に、大江朝綱《おおえあさつな》の漢詩で、「前途程遠し、思ひを雁山の暮《ゆうべ》の雲に馳《は》す。後会期遥《こうかいきはる》かなり、纓《えい》を鴻臚《こうろ》の暁《あかつき》の涙に霑《うるお》す。」というのがあり、その前半を忠度は口ずさんだのである。この漢詩の後半のおおよその意味は、「この後、会うのはいつかわからないので、鴻臚館（外国の使者の宿泊所）の朝の涙に、冠《かんむり》のひもを濡《ぬ》らすことだ。」となる。忠度はこの漢詩に託《たく》して、いつ会えるかわからない悲しみを表現したのである。
*言ひおきし言の葉＝忠度が勅撰和歌集へ自分の歌を入れるよう俊成に依頼したこと。
*読み人しらず＝歌を詠んだ人の名前はわからない。作者不明。忠度は天皇の敵方の人物だったために名前を出さなかった。

訳　三位［俊成］はこれをあけて見て、

「このような忘れ形見（の品物）をいただきましたからには、決しておろそかには思わないでございましょう。①お疑いなさってはいけません。それにしても、ただいまのおいでは、風流心も非常に深く、しみじみとした趣もことさらに感じられて、ものに感動して流す涙をおさえることができません。」

とおっしゃると、薩摩守はよろこんで、

「今はもう西海の波の底に沈むなら沈んでもかまわない、野山に死体をさらすならさらしてもかまわない、この世に思い残すことはありません。ではお暇を申し上げて（出かけましょう）。」

と言って、馬に乗り、かぶとのひもをしめ、西へ向かって（馬を）歩ませなさる。三位は、（忠度の）後ろ（姿）を遠くまで見送ってお立ちになっていると、忠度の声と思われる（声）で、

「これから行く先は非常に遠い、（はるかかなたの）雁山の上にかかった夕べの雲を想像する（とお別れするのが悲しい）。」

と、高らかに（漢詩の一節を）口ずさみなさるので、俊成卿は、いよいよ③なごり惜しく思われて、涙をおさえて（家の内へ）入られた。

その後、戦乱がおさまって、④俊成卿（三位）が「千載集」を選ばれた時に、忠度のその夜の様子や、言い残しておいた言葉を、いま改めて思い出して身にしみて感じられたので、（中略）「故郷の花」という題で⑤薩摩守（忠度）がお詠《よ》みになった歌一首を、「読み人しらず」として（「千載集」に）お入れになった。

28 平家物語(3)

◇①を口語訳し、③はだれが何を歩ませたのかを答え、②④は結びの語を□で囲みなさい。

(与一《よいち》は)判官《はうぐわん》の前にかしこまる。

「いかに宗高《むねたか》、あの扇《あふぎ》のまん中射《い》て、平家に見物《けんぶつ》させよかし。(見物させよ。)」

与一かしこまつて申しけるは、

「射おほせ候《さぶら》はん事、(うまく射とげます。)不定《ふぢやう》に候ふ。(不確かで。)射損《いそん》じ候ひなば、ながき御方《みかた》の御瑕《おんきず》にて候ふべし。一定《いちぢやう》(確実に。)つかまつら(〈矢を〉射るであろう。)んずる仁《じん》に仰《おほ》せつけらるべうや候ふらん。(お言いつけなさるのがよろしいのではないでしょうか。)」

と申す。判官大きに怒《いか》つて、

「鎌倉を立つて、西国《さいごく》へ赴《おもむ》かん殿原《とのばら》は、①義経《よしつね》が命《めい》を背《そむ》くべからず。少しも子細《しさい》を存《ぞん》ぜん人は、とうとう*これより帰らるべし。」

とぞのたまひける。与一重ねて辞せば悪《あ》しかりなんとや思ひけん、

「外《は》づれんは知り候はず、御諚《ごぢやう》(御命令。)で候へば、つかまつつてこそ見候は②め(「む」の已然形)。」

とて、御前《おんまへ》をまかり立ち、黒き馬の太うたくましきに、小房《こぶさ》の鞦《しりがい》(馬具の一種。)かけ、まろほや*摺《す》つたる鞍《くら》置いてぞ乗つたりける。弓取り直し、手綱《たづな》かいくり、(たぐって。)汀《みぎは》へ向いて③歩ませければ、御方《みかた》の兵《つはもの》どもうしろを遥《はる》かに見送つて、

「この若者、一定つかまつり候ひぬと覚《おぼ》え候ふ。」

と申しければ、判官もたのもしげにぞ見給ひける。

矢ごろ(矢を射るのに適当な距離。)少し遠かりければ、海へ一段《たん》ばかり打ち入れたれども、なほ扇のあはひ、(与一と扇との間。)七段《たん》ばかりは有るらんとこそ④見えたり④けれ(「けり」の已然形)。

(62ページに続く)

*とうとう＝「とくとく」の変形。
*まろほや＝「まろ」は円《まる》。「ほや」はやどり木。やどり木を円く図案化した紋《もん》。

大意　義経の命令を断り切れなかった与一は、やむなく矢を射ることを了承する。与一は馬で海中に乗り入れるが、扇との距離はまだ七段ほどあった。

訳 (与一は)判官〔義経〕の前につつしんでひざまずいている。

「どうだ宗高〔与一〕、あの扇のまん中を射て、(敵方の)平家に見物させよ。」(と義経がおっしゃると)与一がつつしんで申し上げたことには、

「(私には矢を)うまく射とげますことは、不確かでございます。(もし)射そこないましたならば、(のちのちまでの)長い味方の御恥でございましょう。確実に(矢を)射るであろう人にお言いつけなさるのがよろしいのではないでしょうか。」

と申し上げる。(これを聞いた)判官は大いに怒って、

「鎌倉を出発して、西国へ向かおうとする者どもは、①義経の命令に背いてはならない。少しでも不服のある者は、さっさとここから(鎌倉に)帰られるのがよかろう。」

とおっしゃった。与一は再び辞退したら悪いであろうと思ったのであろう、

「はずれるかどうかはわかりませんが、御命令でございますから、いたしてみましょう。」

と言って、(義経の)御前を退き、黒い馬で太ってたくましいのに、小房の鞦をかけて、やどり木《ぎ》(の紋)をすった鞍を置いて乗ったのであった。弓を持ち直し、手綱をたぐって、波うちぎわへ向かって③与一(宗高)が馬を歩ませたので、味方の兵どもは(与一の)うしろ姿を見送って、

「この若者は、確実にやりとげると思われます。」

と申し上げたので、判官も頼もしそうに見ておられた。矢を射る距離が少し遠かったので、海中へ一段〔約11メートル〕ほど乗り入れたけれども、まだ扇との間は、七段ほどはあろうと見えたのであった。

29 平家物語(4)

◇(61ページから続く)①を助詞を補って口語訳し、②は対句を、③は結びの語を□で囲み、④は主語を答え、( )には現在の何時ごろかを記入しなさい。

ころは二月《にんぐわつ》*十八日の酉《とり》の刻(午後六時ごろ)ばかりのことなるに、をりふし①北風《ほくふう》激しくて、磯《いそ》打つ波も高かりけり。舟は、揺《ゆ》り上げ揺りすゑ漂《ただよ》へば、扇もくし*に定まらずひらめいたり。②沖には平家、舟を一面に並べて見物す。②陸《くが》には源氏、くつばみ*を並べてこれを見る。いづれもいづれも晴れならずといふことぞなき。(多くの人々の前での晴れがましいこと。)与一目をふさいで、(中略)心のうちに祈念《きねん》して、目を見開いたれば、風も少し吹き弱り、扇も射よげにぞ(射やすそうに。)なつたりける。

与一、かぶら*を取つてつがひ、よつ引《び》い*てひやうど放つ。小兵《こひやう》といふぢやう*、十二束三伏《そくみつぶせ》*、弓は強し、浦響《うらひび》くほど長鳴りして、あやまたず扇の要《かなめ》ぎは一寸(約三センチメートル。)ばかりおいて、ひいふつとぞ③射切つ③たる(「たり」の連体形)。かぶらは海へ入《い》りければ、扇は空へぞ上がりける。(矢が風を切り、的に当たった音。)しばしは虚空《こくう》(空)にひらめきけるが、春風《はるかぜ》に一《ひと》もみ二《ふた》もみもまれて、④海へさつとぞ散つたりける。夕日《せきじつ》のかかやい*たるに、みな紅《ぐれなゐ》の扇の日出《い》だしたる(日の丸を表した扇。)が、白波の上に漂ひ、浮《う》きぬ沈《しづ》みぬ(浮いたり沈んだり。)揺られければ、沖には平家、舟ばたをたたいて感じたり、陸には源氏、えびら(矢を入れて背負う道具。)をたたいてどよめきけり。

*二月＝古文ではふつう「きさらぎ」と読むが、ここのようにルビがある場合はそれに従う。なお「にんぐわつ」という読みは、「平家物語」はもともと琵琶法師が語ったもので、その名残だからと言われている。
*くし＝細長くてものを指し通すもの。ここは、「さお」。
*くつばみ＝馬の口に含ませ、手綱《たづな》をつけるための金具。
*かぶら＝音を立てて飛ぶように作った矢。開戦の合図に使用する。
*よつ引いて＝「よく引いて」の変形したもの。
*ぢやう＝漢字は「条」(ふつうは「でう」)と表記する。…というものの。
*十二束三伏＝矢の長さを表す。一握りの幅を「一束《いつそく》」と言い、指一本の幅を「一伏《ひとふせ》」と言う。
*かかやいたる＝輝いている。「かかやく」は、輝く。

大意　与一が扇を射ようとしたが、波は高く舟は揺れている。平家方も源氏方もかたずをのんで見守っている。与一が祈念して目を開くとちょうど風も弱まり、みごとに扇のかなめぎわを射抜いた。

訳 時は二月十八日の午後六時ごろのことであったが、折から①北風が激しく吹いて、磯を打つ波も高かった。舟は、揺り上げられたり揺り下げられたりして漂っているので、(標的の)扇もさおの先にじっとしていないでひらひらと揺れ動いている。沖では平家が、舟を一面に並べて見物している。陸では源氏が、馬のくつわを並べて、これを見ている。どちらを見ても晴れがましい(様子では)ないと言うことはない。〔晴れがましい様子であることを言っている。〕与一は目を閉じて、(中略)心の中で祈って、目を開けて見てみると、風も少し吹き弱まり、扇も射やすそうになっていた。

与一は、かぶら矢を取ってつがえ、十分に引きしぼってひょうと放った。(与一は)小柄とはいうものの、(矢は)十二束三伏(の長さで)、弓は強い、(かぶら矢は)海浜一帯に響きわたるほど長く鳴って、少しの狂いもなく扇のかなめの端から一寸ほど離れたところを、ひいふっと射抜いた。かぶら矢は海へ落ちると、扇は空へ舞い上がった。しばらくの間、空に舞っていたが、春風に一もみ二もみもまれて、④扇が海へさっと散り落ちた。夕日に輝いている(中)に、全部が赤地の扇で、日の丸を表した扇が、白波の上に漂って、浮いたり沈んだりして(波に)揺られているので、沖では平家が、舟ばたをたたいて感嘆していて、陸では源氏が、えびらをたたいてはやしたてた。

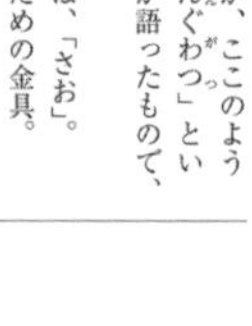

30 徒然草 (1)

◇①〜③を口語訳し、⑤は主語を補い、④は結びの語を□で囲み、（ ）には現在の何月かを記入しなさい。

神無月《（十月）》のころ、栗栖野《くるすの》といふ所を過ぎて、ある山里にたづね入ることはべりしに、はるかなる苔《こけ》の細道を踏み＊分けて、心細く住みなしたる庵《いほり》あり。木《こ》の葉にうづもるるかけ樋《ひ》のしづくならでは、①つゆ＊おとなふものなし。閼伽棚《あかだな》に菊・紅葉《もみぢ》など折り散らしたる、②さすがに住む人のあればなるべし。

かくてもあられけるよ、③とあはれに見るほどに、かなたの庭に、大きなる柑子《かうじ》の木の、枝もたわわになりたるが、まはりをきびしく囲ひたりしこそ④、⑤少しことさめて、この木なからましかば、と覚えし④しか。

（第十一段）

＊踏み分けて＝主語は「作者」と「庵の住人」の二説ある。
＊つゆ＝「つゆ…なし」の形に注意する。26ページ参照。

大意 十月に山里に人をたずねて行ったところ、粗末な家があって樋のしずくの音が聞こえるだけで、あたりは静かであった。そこにあったみかんの木が厳重に囲ってあったのは興ざめだった。

訳 十月のころ、栗栖野という所を通って、ある山里に(人を)たずねて入ったことがありましたが、ずっと遠くまで続いている苔の生えた小道を(草を)踏み分けて、ものさびしい様子で住んでいる粗末な家がある。(落ちた)木の葉にうずもれている樋のしずく(の落ちる音)のほかには、①少しも音を立てる(訪問する)ものはない。閼伽棚に(仏に供える)菊やかえでなどを折って置いてあるのは、②それでもやはり住む人がいるからであろう。

このようでも住むことができるなあ、と③趣深く見ているうちに、向こうの庭に、大きなみかんの木で、枝もたわむくらいに(実が)なっているが、周囲を厳重に囲ってあるのには、⑤作者は少し興ざめして、この木がもしなかったならば(よかったのに)と思われたことだ。

31 徒然草 (2)

◇□に、「切りくひの僧正」「堀池《ほりいけ》の僧正」「榎の木の僧正」から選んで記入しなさい。

公世《きんよ》の二位のせうとに、良覚僧正《りやうがくそうじやう》と聞こえしは、極めて腹あしき人なりけり。坊《ばう》の傍《かたはら》に、大きなる榎《え》の木のありければ、人、「榎の木の僧正」とぞ言ひける。この名しかるべからずとて、かの木を切られにけり。その根のありければ、「切りくひの僧正」と言ひけり。いよいよ腹立ちて、切りくひを掘り捨てたりければ、その跡大きなる堀にてありければ、「堀池の僧正」とぞ言ひける。

（第四五段）

大意 良覚僧正は怒りっぽい人であった。「榎の木の僧正」と言われたのが気にくわないで榎の木を切ったところ、「切りくいの僧正」と言われた。それに腹を立てて切り株を掘ってしまったところ、「堀池の僧正」と言われてしまった。

訳 従二位《じゅにい》の藤原公世の兄弟で、良覚僧正と申し上げた方は、非常に怒りっぽい人であった。(この人が住んでいる)僧坊のそばに、大きな榎の木があったので、(世間の)人は、「榎の木の僧正」と言った。(すると僧正は)この名前はけしからんと言って、その木を切りなさった。その根が残っていたので、(世間の人は)「切りくいの僧正」と言った。(僧正は)ますます腹を立てて、切り株を掘って捨ててしまったところが、その跡が大きな堀になっていたので、(世間の人は)「堀池の僧正」と言った。

32 徒然草 (3)

◇①〜③を口語訳しなさい。

亀山殿《かめやまどの》＊の御池《みいけ》に、大井川《おほゐがは》の水をまかせられんとて、大井の土民《どみん》に仰《おほ》せて、水車《みづぐるま》を造らせられけり。多くの銭《あし》を給ひて、数日《すじつ》に営《いとな》み出だして、かけたりけるに、おほかためぐらざりければ、とかく直しけれども、つひに廻《まは》らで、①いたづらに立てりけり。さて、宇治《うぢ》＊の里人《さとびと》を召して、こしらへさせられければ、やすらかに結《ゆ》ひて参らせたりけるが、思ふやうにめぐりて、水を汲《く》み入るること、②めでたかりけり。よろづにその道を知れる者は、③やんごとなきものなり。

（第五一段）

＊亀山殿＝後嵯峨《ごさが》上皇と亀山上皇の離宮。
＊宇治の里人＝宇治の里の者。宇治は宇治川に臨み、水車の名所。水車作りの専門家が多い。

大意 水車を大井の土地の者に作らせたがうまくいかず、水車作りの専門家が多い宇治の里の者に作らせたらうまくいった。どの道も専門の技術を持っている者は尊いものだ。

訳 (上皇が)亀山離宮のお池に、大井川の水をお引きになろうとして、大井の土地の者にお言いつけになって、水車を作らせなさった。(上皇は)多くのお金を下さって、(土地の者は)数日かかって努力して作り上げて、(これを川に)かけたところが、少しも回らなかったので、あれこれと直したけれども、とうとう回らないで、①役に立たないで立っていた。そこで、(今度は)宇治の里の者をお呼びになって、(水車を)作らせなさったところ、やすやすと組み立てて差し上げた水車が、思うように回って、水を(池に)汲《く》み入れることが、②みごとであった。

何ごとにつけてもその道に通じている者は、③尊いものである。

33 徒然草 (4)

◇①〜④を口語訳し、作者が感想を述べている部分を『　』で囲みなさい。

仁和寺《にんなじ》にある法師、年寄るまで、石清水《いはしみづ》＊を拝《をが》まざりければ、①心うく覚えて、あるとき思ひ立ちて、ただひとり、徒歩《かち》よりまうでけり。極楽寺《ごくらくじ》＊・高良《かうら》＊などを拝みて、かばかりと心得て帰りにけり。さて、かたへの人にあひて、「②年ごろ思ひつること、果《は》たし侍《はべ》りぬ。聞きしにも過ぎて尊《たふと》くこそおはしけれ。そも、参りたる人ごとに山へ登りしは、何事かありけん、③ゆかしかりしかど、神へ参るこそ④本意《ほい》なれと思ひて、山までは見ず。」とぞ言ひける。

『少しのことにも、先達《せんだち》はあらまほしきことなり。』

（第五二段）

＊ある＝「いる」の意と「ある僧」の「ある」とが一つになって使われている。
＊石清水＝石清水八幡宮。山の上にある男山八幡宮が本社。
＊極楽寺＝男山のふもとにあった八幡宮付属の寺。
＊高良＝極楽寺に隣り合った八幡宮付属の神社。

大意 ひとりで石清水八幡宮の参拝に行った僧が、ふもとにある極楽寺や高良神社に参拝して、ひとりでそれが本社だと独り合点をする。こんな失敗をしないためにも指導者はほしいものだ。

訳 仁和寺にいるある僧が、年をとるまで、石清水《いわしみず》八幡宮《はちまんぐう》を参拝しなかったので、①情けなく思って、ある時思い立って、たったひとりで、歩いて参拝した。極楽寺や高良神社などを参拝して、(石清水八幡宮とは)これだけのものと思い込んで(山上の本社へは参拝せずに)帰ってしまった。そして、(寺に帰って来た僧は)そばの人に向かって、「②長年思っていたことを果しました。(話に)聞いていた以上に尊くいらっしゃいました。それにしても、参拝に来た人がみな、山へ登って行ったのは、何事があったのだろうか、③行ってみたかったけれど、神へ参拝するのが④本来の目的なのだと思って、山までは見なかった。」と言ったそうだ。

ちょっとしたことにも、指導者はあってほしいものである。

34 徒然草 (5)

◇①②④を口語訳し、③はだれが何を防ごうとしたのかを答え、⑤は主語を補いなさい。

「奥山に、猫*またといふものありて、人を食らふなる。」

と、人の言ひけるに、

「山ならねども《山でなくても。》、これらにも《このあたり。》、猫の経《へ》上がりて《成り上がって。》、猫またに成りて、人とることはあなる*ものを。」

と言ふ者ありけるを、何阿弥陀《あみだ》仏《僧の名前。》とかや、連歌*しける法師の、*行願寺《ぎやうぐわんじ》のほとりにありけるが聞きて、「独り歩かん身は、心すべきことにこそ。」と思ひけるころしも《ちょうどそのころ。》、ある所にて夜ふくるまで連歌して、ただ独り帰りけるに、小川*の端《はた》にて、①音に聞きし猫また、②過《あやま》たず足下へふと寄りきて、やがてかきつくままに《…やいなや。》、首のほどを食はんとす。

肝心《きもごころ》《肝をつぶして。》も失せて、③防がんとするに、力もなく足も立たず、小川へ転び入りて、

「助けよや、猫また、よやよや*。」

と叫べば、家々より松《たいまつ。》どもともして走り寄りて見れば、このわたり《このあたり。》に見知れる僧なり。

「④こは、いかに。」

とて、川の中より抱き起こしたれば、連歌の賭《か》け物《連歌を詠んで得た賞品。》取りて、扇・小箱などふところに持ちたりけるも、水に入りぬ。希有《けう》《不思議にも。》にして助かりたるさまにて、⑤はふはふ家に入りにけり。

飼ひける犬の、暗けれど主《ぬし》を知りて、飛びつきたりけるとぞ。

（第八九段）

大意 山奥でなくても猫またが出るといううわさを信じた僧が、暗やみで自分の飼っている犬にとびつかれて、猫まただと思い込んであわてふためいている。

訳 「山奥に、猫またというものがいて、人を食い殺すということだ。」

と、人が言ったところ、

「山でなくても、このあたりにも、猫が成り上がって、猫またになって、人を取って食い殺すことがあるということだよ。」

と言う者があったので、何阿弥陀仏とか言って、連歌をやっていた法師で、行願寺のそばに住んでいた（法師）が聞いて、「独り歩きをするような（自分の）身には、用心しなければならないことだ。」と思っていた、ちょうどそのころ、ある所で夜ふけまで連歌をして、ただ独りで帰って来たところが、小川のそばで、①うわさに聞いていた猫またが、ちょうど足下へさっと寄って来て、②いきなり飛びつくやいなや、首のあたりを食おうとする。

肝をつぶして、③法師（僧・何阿弥陀仏）が猫またを防ごうとするが、（防ぐ）力もなく足も立たないで、小川（の中）へ転がり込んで、

「助けてくれ、猫まただよ、おうい。」

と叫んだので、（近くの）家々からたいまつなどをともして（近所の人々が）走り寄って見ると、このあたりで顔見知りの僧である。

「④これは、どうしたのか。」

と言って、川の中から抱き起こしたところ、連歌の賞品を取って、扇や小箱などをふところに（入れて）持っていたのも、水につかってしまった。不思議にもやっと助かったという様子で、⑤法師（僧・何阿弥陀仏）がはうようにして家に入ってしまった。

飼っている犬が、暗いけれども（飼い）主を見分けて、飛びついたということである。

*猫また＝目は猫に似て、体は犬ぐらいの大きさだと言われている化け猫。
*あなる＝「あるなる」が変化したもの。あるということだ。
*連歌＝短歌の上の句と下の句を別々の人が詠《よ》み継いでいく文芸。
*行願寺＝今の京都市中京区にあった寺。
*小川＝小さな川でなく、固有名詞。
*よやよや＝「よや」は他人に呼びかける語。ようよう。おうい。

35 徒然草 (6)

◇①～③⑤は口語訳をし、④は主語を補いなさい。

*丹波《たんば》に出雲《いづも》といふ所あり。*大社《おほやしろ》を移して、①めでたく造れり。

しだのなにがしとかや、知る所《治める所。》なれば、秋のころ、聖海上人《しやうかいしやうにん》、そのほかも、人あまた誘《さそ》ひて、

「いざたまへ《人を誘う言葉。》、出雲拝みに。かいもちひ召させん《ぼたもちをごちそうしましょう。》。」

とて、具しもていきたるに、おのおの拝みて、ゆゆしく《たいそう》信おこしたり《信心をおこした。》。

御前《おまへ》なる*獅子《しし》・狛犬《こまいぬ》、背きて、後ろさまに立ちたりければ、上人いみじく感じて、

「あなめでたや。この獅子の立ちやう、いとめづらし。深き故《ゆゑ》あらん。」

と涙ぐみて、

「いかに*殿《との》ばら、殊勝《しゆしよう》《すばらしいこと。》のことは御覧《ごらん》じとがめずや。むげなり《ひどい。》。」

と言へば、②おのおのあやしみて、

「まことに他に異なりけり。都のつと《みやげ。》に語らん。」

など言ふに、上人③なほゆかしがりて、おとなしく《思慮分別がある。》物知りぬべき顔したる神官《じんぐわん》を呼びて、

「この御社《みやしろ》の獅子の立てられやう、定めてならひあることにはべらん。ちと承《うけたまは》らばや《ちょっとお聞きしたいものです。》。」

と言はれければ、

「そのことに候《さうら》ふ。さがなきわらべども《いたずらな子どもたち。》のつかまつりける《いたしましたことで。》、奇怪《きくわい》《けしからんこと。》に候ふことなり。」

とて、さし寄りて、据《す》ゑ直して④去《い》にければ、上人の⑤感涙いたづらになりにけり。

（第二三六段）

大意 丹波にある出雲大社に参拝に行った聖海上人は、背中合わせの獅子と狛犬を見て感激する。ところがそれは子どものいたずらであることがわかり、上人の感涙は無駄になってしまった。

訳 丹波に出雲という所がある。（そこに）出雲大社（の御神体）を分け移して、（神社を）①りっぱに造ってある。

（この場所は）「しだ」という姓《せい》のだれそれとかいう人の治める所なので、秋のころ、（この人が）聖海上人や、その他にも、人をおおぜい誘って、

「さあ、参りましょう、出雲大社の参拝に。ぼたもちをごちそうしましょう。」

と言って、連れて行ったところが、（その人たちは）各自が参拝して、たいそう信心をおこした。

（神社の拝殿の）御前にある獅子と狛犬とが、背中を向け合って、後ろ向きに立っていたので、上人はたいへん感心して、

「ああ、すばらしい。この獅子の立ち方は、たいそう珍しい。深いわけがあるのだろう。」

と涙ぐんで、

「ちょっと皆さん、（こんな）すばらしいことに目をお止めにならないのですか。ひどいことだ。」

と言うと、②各自が不思議に思って、

「ほんとうに他のと違っているなあ。都へのみやげ話にしましょう。」

などと言うので、上人は③なおいっそう知りたがって、思慮分別があって物を知っていそうな顔をしている神官を呼んで、

「この神社の獅子の立てられ方は、きっと理由のあることでございましょう。ちょっとお聞きしたいものです。」

とおっしゃると、

「そのことでございます。いたずらな子どもたちがいたしましたことで、けしからんことでございます。」

と言って、そばに寄って、置き直して④神官が立ち去ったので、上人の感涙は⑤無駄になってしまった。

*丹波＝現在の京都府と兵庫県にまたがる旧国名。
*大社を移して＝出雲大社（現在の島根県にある）の御神体を分け移して。
*獅子・狛犬＝拝殿の前に、左に獅子、右に狛犬が向かい合って置いてある。
*いかに殿ばら＝「いかに」は人に呼びかける語。「ばら」は複数を表す。ちょっと皆さん。

36 おくのほそ道 (1)

◇①と対句になっている部分を□で囲み、②は掛詞「立てる」を生かして口語訳し、③は何月何日かを、④は主語、⑤はだれのうしろ姿かを文中の語で答えなさい。

月日は百代《はくたい》の過客《くわかく》（永遠の旅人。）にして、行きかふ年もまた旅人《たびびと》なり。①舟の上に生涯を浮かべ、①馬の口とらへて老いを迎ふる者は、日々旅にして旅を住みかとす。古人も多く旅に死せるあり。予《よ》もいづれの年よりか、片雲《へんうん》（ちぎれ雲。）の風にさそはれて、漂泊の思ひ（さすらいの旅をしたいという思い。）やまず、海浜にさすらへ、去年《こぞ》の秋、江上《かうしやう》（隅田川のほとり。）の破屋《はをく》に蜘蛛《くも》の古巣を払ひて、やや（ようやく。）年も暮れ、②春立てる霞の空に、白河《しらかは》の関越えんと、そぞろ神《がみ》のものにつきて心を狂はせ、道《だう》祖神《そじん》（旅路と旅人の守護神。）の招きにあひて取るもの手につかず、股引《ももひき》の破れをつづり、笠《かさ》の緒《を》つけかへて、三里（足のひざがしらの下にある灸をすえるところ。）に灸《きう》すうるより（すぐに。）、松島の月まづ心にかかりて、住めるかたは人に譲り、杉風《さんぷう》（芭蕉の弟子。）が別墅《べつしよ》（別荘。）に移るに、

草の戸も住み替はる代《よ》ぞ雛《ひな》の家（雛人形を飾る家。）

表八句《おもてはちく》（百句続ける連句の、はじめの八句。）を庵《いほり》の柱に懸けおく。

③弥生も末の七日、あけぼのの空朧々《ろうろう》（おぼろにかすんで。）として、月は有明《ありあけ》にて光をさまれるものから、富士の峰かすかに見えて、上野《うへの》・谷中《やなか》の花のこずゑまたいつかはと心ぼそし。むつまじきかぎりは宵《よひ》（前夜から。）よりつどひて、④舟に乗りて送る。千住《せんぢゆ》といふところにて舟をあがれば、前途三千里の思ひ胸にふさがりて、幻《まぼろし》のちまた（幻のようにはかないこの世。）に離別の泪《なみだ》をそそぐ。

行く春や鳥啼《な》き魚《うを》の目は泪

これを矢立《やたて》（携帯用の筆記用具。）のはじめとして、行く道なほ進まず。人人は途中に立ちならびて、⑤うしろかげの見ゆるまではと見送るなるべし。

大意 人生は旅と同じである。私も旅をして江戸に戻ったが、春が来るとまた旅をしたくなり、松島を目ざそうと思う。弥生の末の七日に千住から旅をスタートさせる。見送りの人たちへの別れの思いが強く、なかなか旅がはかどらない。

訳 月日は永遠の旅人であり、行ったり来たりする年もまた旅人である。舟の上で生涯を送る（者や）、馬の口をとらえて老いを迎える者は、毎日が旅であって、旅を住居としている。古人にも多く旅で死んだ人がある。私もいつの年からであったか、ちぎれ雲のように風に誘われて、さすらいの旅への思いがやまないで、海辺をさすらっていたが、去年の秋（江戸に帰って）、隅田川《すみだがわ》のほとりのあばら屋に蜘蛛の古巣を払って（住むうちに）、ようやく年も暮れ、②春が来て春がすみの立つ空に、白河の関を越えたいと（思うと）、そぞろ神がなにかについたようになって心を狂わせ、道祖神の招きにあったような気がしてなにも手につかないで、股引の破れをつくろい、笠のひもをつけかえて、ひざの下に灸をすえるとすぐに、松島の月がまず思われて、住んでいた家は他人に譲って、杉風の別荘に移るときに、

こんな草庵も人が住み替わるときとなったことだ。（やがて来る節句には）雛人形を飾る家となるであろうよ。

（これを発句として）表八句を庵の柱に懸けておいた。

③三月二十七日、夜明けの空がおぼろにかすんで、月は有明月で光は薄くなっているものの、富士の峰がかすかに見えて、上野や谷中の（桜の）花のこずえ（も見えるが）いつになったら（再びこれらを見られるのか）と心細い。親しい人々はみんな前夜から集まって、④むつまじきかぎりは舟に乗って（私を）送る。千住という所で舟から上がると、これからの旅の三千里への思いが胸いっぱいになって、幻のようにはかないこの世に別れの涙をそそぐ。

暮れていく春よ。（なごりを惜しんで）鳥はなき、魚の目は涙でうるんでいる（私も涙を流して泣いている）。

この句を矢立の使いはじめとして（書いたが、別れて来た人々への思いで）行く道はやはりはかどらない。人々は途中に立ち並んで、⑤予のうしろ姿が見えるまではと（思って）見送るのであろう。

37 おくのほそ道 (2)

◇①は主語を補い、②を口語訳し、（　）には現在の何月にあたるかを記入しなさい。

卯月（四月）朔日《ついたち》、御山《みやま》に詣拝《けいはい》す。往昔《そのかみ》（その昔。）この御山を「*二荒山《にくわうざん》」と書きしを、空海大師（のちの弘法大師のこと。）開基《かいき》の時、「日光《につくわう》」と改めたまふ。（日光山を指す。）千歳《せんざい》未来（千年も先のことを。）を①さとりたまふにや、今*この御光《ごくわう》一天（天下中に。）にかがやきて、恩沢《おんたく》（将軍家の恵み。）八荒《はつくわう》（八方の遠い地。）にあふれ、*四民安《あん》堵《と》（安らかに生活できる場所。）の住みか穏やかなり。②なほはばかり多くて、筆をさし置きぬ。

*あら*たふと青葉若葉の日の光

*二荒山＝音読のひびきから「日光山」になった。
*この御光＝日光山の御威光。日光山は徳川家康の墓所であり、東照宮があるため。

*四民＝階級制度の士・農・工・商の四つ。国民すべてを指す。
*あら＝感動詞。ああ。
*たふと＝「たふとし」（尊し・貴し）の語幹。

大意 日光山に参拝する。空海が二荒山を日光山と改め、ここに徳川家康を祭った東照宮があり、日本中にその御威光が行き渡り、国民のすべてが安らかに生活でき、国も治まっている。書きたいことがあったが遠慮して筆をとめた。

訳 卯月一日、日光山に参拝する。その昔、この御山を「二荒山」と書いたが、空海大師が開基（された）時、「日光」と改めなさった。千年も先のことを①空海大師はさとりなさったのであろうか、今この（東照宮の）御威光が天下中に行き渡って、将軍家の恵みは国の八方の遠い地にまであふれ、四民が安らかに生活できる場所は（国として）穏やかに（治まっている）。（まだ書きたいこともあるが、尊い御山のことをあれこれ述べるのは）②やはり遠慮することが多いので、筆をさし置いた。

ああ何と尊いことであろう、（生き生きとしている）青葉や若葉に（降りそそいでいる）日光は。

38 おくのほそ道 (3)

◇①②を口語訳し、③で清輔が書いた部分の初めに『をつけなさい。

心もとなき日数《ひかず》重なるままに、白河の関（奥州への関所。）にかかりて、旅ごころ（旅を楽しむ気持ち。）定まりぬ。*①「いかで都へ」とたより求めしもことわりなり。なかにも、この関は*三関《さんくわん》の一《いつ》にして、風騒の人（風流を好む人。）心をとどむ。秋風*を耳に残し、*紅葉《もみぢ》を俤《おもかげ》にして、青葉のこずゑ、②なほあはれなり。卯《う》の花のしろたへに、いばらの花の咲きそひて、雪にも越ゆる心地《ここち》ぞする。『*古人、冠《かんむり》を正し衣装《いしやう》を改めしことなど、③清輔《きよすけ》の筆にもとどめ置かれしとぞ。

卯の花をかざしに関の晴着《はれぎ》かな　曽良《そら》

*いかで都へ＝平兼盛《かねもり》の「たよりあらばいかで都へつげやらむ今日白河の関は越えぬと」という歌を指している。
*三関＝白河の関（磐城《いわき》）・勿来《なこそ》の関（常陸《ひたち》）・念珠《ねず》の関（羽前）。
*秋風を耳に残し＝能因《のういん》法師の「都をば霞とともにたちしかど秋風ぞ吹く白河の関」という歌などを指している。

*紅葉を俤にして＝源頼政《よりまさ》の「都にはまだ青葉にて見しかども紅葉散りしく白河の関」という歌などを指している。
*古人、冠を…＝竹田大夫国行《たけだのたゆうくにゆき》が能因の歌に敬意を表し、白河の関を越えるとき、わざわざ衣冠を改めたという話が、藤原清輔の「袋草子《ふくろそうし》」に書かれていたことによる。

大意 白河の関にかかるとようやく旅ごころも定まった。かつてここを詠んだ歌を思いつつ、真っ白に咲いた花に囲まれながら白河の関を越えて行く。

訳 心細い思いのする日が何日かたつうちに、白河の関にさしかかって、（心細い思いより）旅を楽しむ気持ちが定着した。（かつて歌の中で）「①どうかして都へ知らせてやりたい」と手がかりを求めたのももっともなことである。（多くある関所の）中でも、この関は三関（といわれるもの）の一つであって、風流を好む人が心を留める所である。（今は夏だが）秋風も耳に聞こえるように思われ、紅葉も目に見えるような気がして、（今の）青葉のこずえも、②やはり趣深い。卯の花が真っ白に咲いているうえに、いばらの花が（白く）咲き加わって、雪の中を越える気持ちがする。古人が、（白河の関を越えるとき）冠を正し衣装を改めたことなど、清輔の書いたものにも残されているということだ。

（私には改める衣装がないので、せめて）卯の花を髪に挿して、これを晴着として関を越えよう。

39 おくのほそ道 (4)

◇①④を口語訳し、②③はどこを指しているか、文中から抜き出して書きなさい。

*三代の*栄耀一睡《えいえういつすゐ》のうちにして、大門《だいもん》（表門。）の跡は一里こなたにあり。秀衡《ひでひら》が跡は田野《でんや》になりて、*金鶏山《きんけいざん》のみ形を残す。まづ、*高館《たかだち》に登れば、①北上川《きたかみがは》南部（盛岡地方。）より流るる大河《たいが》なり。衣川《ころもがは》は*和泉《いづみ》が城《じやう》をめぐりて、高館の下にて大河に落ち入る（北上川に流れ込んでいる。）。泰衡《やすひら》らが旧跡は、衣《ころも》が関《せき》を隔てて南部口をさし固め、夷《えぞ》（古くから奥羽地方に住んでいた異民族。）を防ぐと見えたり。さても義臣すぐつて（忠義の家来をよりすぐって。）②この城にこもり、功名一時の叢《くさむら》（功名もわずかの間のことですぐ消えて、後は草むらとなっている。）となる。*国破れて山河あり、城《しろ》春にして草青みたりと、笠《かさ》うち敷きて（笠を地面に置いて。）、時の移るまで（長い間。）泪《なみだ》を落としはべりぬ。

夏草や兵《つはもの》（「義臣」たちのこと。）どもが夢の跡

卯《う》の花に兼房《かねふさ》（義経の老臣。）見ゆる白毛《しらが》かな　曽良

かねて耳驚かしたる（うわさを聞いて驚いていた。）③二堂開帳《かいちやう》（安置してある仏像などを一般の人に拝ませること。）す。経堂《きやうだう》は*三将の像を残し、*光堂《ひかりだう》は三代の棺《ひつぎ》を納め、*三尊の仏を安置す。七宝《しつぽう》散り失《う》せて、珠《たま》の扉（珠玉を散りばめた美しい扉。）④風にやぶれ、金《こがね》の柱霜雪《さうせつ》に朽《く》ちて、既に頽廃空虚《たいはいくうきよ》（くずれすたれ、何もなくなること。）の叢となるべきを、四面新たに囲んで甍《いらか》を覆《おほ》ひて風雨をしのぐ。しばらく千歳《せんざい》のかたみ（千年の昔をしのばせる記念。）とはなれり。

*五月雨《さみだれ》の降りのこしてや光堂

*三代＝藤原清衡《きよひら》・基衡《もとひら》・秀衡《ひでひら》の三代。
*栄耀一睡のうち＝栄華もひと眠りの夢の中で見るようなはかないもの。
*金鶏山＝秀衡が築いたと言われている山。
*高館＝源義経がいた所。
*和泉が城＝秀衡の三男忠衡の居城
*国破れて…草青みたり＝中国の杜甫《とほ》の漢詩「春望」による。
*三将の像＝清衡・基衡・秀衡を指す。
*光堂＝金色堂《こんじきどう》ともいう。
*三尊の仏＝阿弥陀如来《あみだにょらい》・観世音菩薩《かんぜおんぼさつ》・勢至菩薩《せいし》。
*五月雨＝陰暦五月ごろに降り続く雨。梅雨。

大意　高館に登ってあたりを一望すると、藤原氏三代の栄華がしのばれ、武士の夢の跡のはかなさに涙した。うわさを聞いていた経堂と光堂を訪れると、風雪にいためられた光堂が全体をおおわれ、千年前の記念物として保護されていた。

訳　（藤原氏）三代の栄華もひと眠りの夢の中で見るようなはかないものであって、（その館の）表門の跡は一里手前にある。秀衡のいた跡は田野になって、金鶏山だけが形を残している。（作者が）まず、高館に登ると、①**北上川は南部から流れる大河である**（ことがわかる）。衣川は和泉が城を回って、（作者がいる）高館の下で北上川に流れ込んでいる。泰衡たちの旧跡は、衣が関を隔てて南部口を守り、異民族を防いだものと思われる。さても、（義経が）忠義の家来をよりすぐって②**高館**にこもり、（奮戦してたてた）功名もわずかの間のことですぐに消えて、後は草むらとなっている。（滅びた）城は春で草々が青々と茂っている。国は破れても山河は（昔のままで）あり、と、笠を地面に置いて、長い間涙を落としました。

目の前には夏草が生い茂っている。ここは、かつて兵士たちが功名をたてたところであったが、今はそのおもかげもない。

白く咲いている卯の花をながめていると、その花の中から（義経の老臣の）兼房がしらが頭をふり乱して奮戦している様子が見えることだ。

かねてからうわさを聞いて驚いていた③**経堂と光堂**の二堂が開帳する。経堂には三将の像を残し、光堂には（その）三代の棺を納め、三尊の仏を安置している。（年月を経るに従い）七宝は散り失せて、珠玉を散りばめた美しい扉は④**風のためにこわれ**、黄金の柱は霜や雪のために腐って、とっくにくずれすたれ、何もなくなって草原となるはずのところだが、（堂の）四面を新しく囲って、屋根をおおって風や雨を防いでいる。（これで）しばらくの間は、千年の昔をしのばせる記念とはなっている。

五月雨が、ここだけは降らなかったのであろうか、今も光り輝いている光堂であるよ。

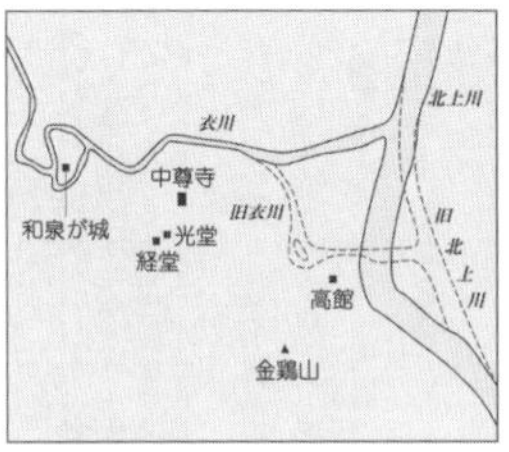

40 おくのほそ道 (5)

◇①〜④を口語訳し、文中の会話文(三箇所)の初めと終わりに『　』をつけなさい。

今日は親知らず子知らず・犬もどり・駒《こま》がへしなどいふ北国一の難所を越えて疲《つか》れ侍《はべ》れば、枕引《まくらひ》きよせて寝たるに、一間《ひとま》隔てて表《おもて》の方《かた》に、若き女の声二人ばかりと聞こゆ。年老いたるをのこの声も交りて物語するを聞けば、越後の国新潟《にいがた》といふ所の遊女《いうぢよ》なりし。伊勢参宮するとて、この関（市振の関。）までをのこの送りて、明日は故郷《ふるさと》にかへす文《ふみ》したためて、①はかなき言伝《ことづて》などしやるなり。『白波《しらなみ》のよする汀《なぎさ》に身をはふらかし（ほうり出す。）、海士《あま》の子の世をあさましう下りて（海士の子である私たちがひどく落ちぶれて。）、（中略）いかにつたなし』と物いふを、聞く聞く寝入りて、②あした旅立つに、我々に向かひて、『行方《ゆくへ》知らぬ旅路《たびぢ》のうさ、余り③おぼつかなう悲しく侍れば、見えがくれ（そっと。）にも御跡《おんあと》をしたひ侍らん。*衣のうへの御《おん》情けに、大《だい》慈《じ》（仏の大きな慈悲心。）のめぐみを垂《た》れて結縁《けちえん》せさせ給へ（仏道に縁を結ばせて下さい。）』と泪《なみだ》を落とす。『不便《ふびん》の事には侍れども、我々は所々にてとどまる方多し。ただ人の行くに任せて行くべし。神明《しんめい》の加《か》護《ご》必ずつつがなかるべし（無事に行けるであろう。）』と云ひ捨てて出でつつ（出て来たものの。）、④哀れさしばらく止まざりけらし。

一家《ひとつや》に遊女もねたり萩《はぎ》と月

曽良にかたれば書きとどめ侍る。

*衣のうへの御情けに＝坊様としてのお情けで。芭蕉も曽良も僧の身なりをしていたので、遊女たちは坊様と思ったのである。

大意　寝ようとすると、若い女二人と年取った男との話し声が聞こえてくる。伊勢参宮のため越後から来た一行で、海士の子である自分たちの境遇を嘆いているのを聞きながら寝る。翌朝、同伴を頼まれるが断ってしまったことが気になる。

訳　今日は親知らず子知らず・犬もどり・駒返しなどという北国第一の難所を越えて疲れましたので、枕を引き寄せて寝たところ、一間を隔てた表通り側の部屋で、若い女の声（がして）二人ほどと思われた。（そこへ）年取った男の声も交じって話をするのを聞くと、（二人は）越後の国の新潟という所の遊女であった。伊勢参宮をしようとして（出かけて来たのを）、この関まで男が送って来て、明日は故郷へ帰る（男に）手紙を書いて（託し）、①**ちょっとした伝言など**をしてやるのである。白波の寄せるなぎさに身をほうり出し、海士の子である私たちがひどく落ちぶれて、（中略）何と運が悪いのだろう、と物を言うのを、聞きながら寝入って、②**翌朝**旅立つときに、我々に向かって、どう行っていいかわからない旅がつらく、たいへん③**心細く**悲しくございますので、そっと（あなた方の）後について参りましょう。法衣（を着たあなた方）のお情けで、（私たちに）仏の大きな慈悲心の恵みをお与え下さり、仏道に縁を結ばせて下さいと涙を流す。気の毒な事ではありますが、私たちは所々で留まるところが多い。（あなた方は）ただ人の行くのに従って行くのがよい。神様のお守り（によって）必ず無事に行けるであろうと、言い捨てて出て来たものの、④**かわいそうだという思い**はしばらくやまなかったことよ。

（私のような世捨人の泊まった）同じ宿屋に、（私の生き方とは対照的な華やかな）遊女も泊まり合わせた。（ときは秋で）外には萩が咲き、月も照らしていて、（この情景はそうした夜にふさわしいものであった）。

（このことを）曽良に話すと、曽良は書き留めました。

41 万葉集

◆枕詞があれば□で囲み、句切れがあれば、上段の和歌のその場所に／を記入しなさい。

(1)
*君待つと　吾《あ》が*恋ひをれば　*我《わ》がやどの　すだれ動かし　秋の風吹く
額田王《ぬかたのおほきみ》

*君待つと＝あなたのおいでを待って。

*恋ひをれば＝恋しく思っておりますと。

*我がやどの＝私の家の戸口の。

訳 あなたのおいでを待って私が恋しく思っておりますと、私の家の戸口のすだれを動かして秋風が吹いてくる。

(2)
あしひきの　*山川の　*瀬の　*なるなべに　*弓月《ゆつき》が嶽《たけ》に　雲立ちわたる
柿本人麻呂《かきのもとのひとまろ》

*山川＝山の中を流れる川。　*瀬＝浅瀬。

*なるなべに＝音が高まるにつれて。

*弓月が嶽＝奈良県の纏向山《まきむくやま》の高峰。

訳 山の中を流れる川の浅瀬の音が高まるにつれて、弓月が嶽に雲が一面にわき立っている。

(3)
銀《しろかね》も　金《くがね》も玉も　*何せむに／まされる宝　*子に　しかめやも
山上憶良《やまのうへのおくら》

*何せむに＝何になろうか。

*子にしかめやも＝子どもに及ぶだろうか、いや、及びはしない。

訳 白銀も黄金も珠玉も何になろうか。(これらの)すぐれた宝も子どもに及ぶだろうか、(いや、及びはしない。)

(4)
春の野に　すみれ採《つ》みにと　*来《こ》しわれぞ　*野を　なつかしみ　一夜《ひとよ》*寝《ね》にける
山部赤人《やまべのあかひと》

*来しわれぞ＝来た私は。

*野をなつかしみ＝野原から離れがたくて。

*寝にける＝寝てしまったなあ。

訳 春の野にすみれの花をつみに来た私は、野原から離れがたくて、一晩寝てしまったなあ。

(5)
*うらうらに　*照れる春日《はるひ》に　ひばり上がり　心*悲しも／*ひとりし思へば
大伴家持《おほとものやかもち》

*うらうらに＝うららかに。　*照れる＝照っている。

*悲しも＝悲しいのだ。

*ひとりし思へば＝ひとりでもの思いにふけっていると。

訳 うららかに(光が)照っている春の日に、ひばりが(さえずって空高く舞い)上がっているが、(私の)心は悲しいのだ。ひとりでもの思いにふけっていると。

(6)
父母《ちちはは》が　*頭《かしら》かきなで　*幸《さ》くあれて　言ひし*言葉《けとば》ぜ　*忘れかねつる
*防人歌《さきもりのうた》

*頭かきなで＝頭をなでて。

*幸くあれて＝無事でいるようにと。

*言葉ぜ＝「言葉ぞ」のなまったもの。言葉が。

*忘れかねつる＝忘れられない。

*防人歌＝九州の警備のために派遣された防人(主に東国の兵士たち)やその家族の歌。

訳 父母が(私の)頭をなでて、「無事でいるように」と言った言葉が忘れられない。

42 古今和歌集

◆上段の□には和歌の修辞に関する言葉を入れ、①を口語訳しなさい。

(1)
立ち別れ　*いなばの山の　峰に生《お》ふる　*まつとし聞かば　今帰り来む
在原行平《ありはらのゆきひら》

*いなば＝「去《い》なば」(行く)と「因幡」(鳥取県の地名)との掛詞。

*まつ＝松と待つの掛詞。いなばの山の峰に生ふるは、「まつ」を導き出すための序詞である。

訳 お別れして、(私は)因幡の国に赴任して行くが、その因幡の山に生えている松という名のように、あなたが私を待っていると聞いたなら、すぐにでも帰って来よう。

(2)
*うたたねに　恋しき人を　*見てしより　*夢てふものは　*頼《たの》みそめてき
小野小町《おののこまち》

*うたたね＝うとうと寝ること。

*見てしより＝見てしまってから。

*夢てふものは＝夢というものを。「てふ」は「といふ」の変化したもの。

*頼みそめてき＝頼りにしはじめてしまった。「そめ」は言い切りが「そむ」で、「…はじめる」「はじめて…」の意を表す。現実には恋しい人には会えないが、夢では会えるから、夢を頼りにしたのである。

訳 うたた寝した時に恋しい人を見てしまってからは、夢というものを頼りにしはじめてしまった。

(3)
*秋来《き》ぬと　目には*さやかに　見えねども　風の音にぞ　①おどろかれぬる
藤原敏行《ふぢはらのとしゆき》

*秋来ぬと＝秋が来ていると。　*さやかに＝はっきりと。

訳 秋が来ていると目にははっきり見えないけれども、風の音を聞くと、(ふと、秋が来ているのだなと)①はっと気づいた。

(4)
*むすぶ手の　しづくににごる　*山の井の　*飽《あ》かでも人に　別れぬるかな
紀貫之《きのつらゆき》

*むすぶ手＝水をすくい上げる手。

*山の井＝山の井(山の泉)は水が少なく浅いため、水をすくった手から落ちるしずくでもにごってしまう。第三句までは、「飽かでも」を導き出すための序詞である。

*飽かでも＝「飽か」は、水に飽きる意と、(恋)人に飽きる意の掛詞である。

訳 水をすくい上げる手から落ちるしずくのために水がにごる山の井は、飽きるまで水が飲めないように、満足もしないうちにあなたとお別れしてしまうのですね。

(5)
*ひさかたの　*月の桂《かつら》も　秋はなほ　*もみぢすればや　照りまさるらむ
壬生忠岑《みぶのただみね》

*ひさかたの＝月の枕詞である。

*月の桂＝月の中にあるという伝説上の木で、春に花を咲かせ、秋に紅葉するといわれている。

*もみぢすればや＝紅葉するからなのだろうか。

訳 月の中にある桂の木も(地上の木と同じように)秋にはやはり紅葉するからなのだろうか、(月の光が)いっそう明るくなってくる。

43 新古今和歌集

◇上段の□には和歌の修辞に関する言葉を入れ、句切れがあれば、上段の和歌のその場所に／を記入しなさい。

(1) むかし思ふ　*草のいほりの　夜の雨に　涙*なそへそ　*山ほととぎす　　藤原俊成《ふぢはらのとしなり》

*草のいほり＝草木で作った仮小屋。草庵《そうあん》。
*なそへそ＝涙を加えてくれるな。「な…そ」で禁止を表す。
*山ほととぎす＝最後が「山ほととぎす」という名詞で終わっている［体言止め］の歌である。

訳 昔のことをしみじみと思い出して（涙を流して）いる草庵の夜の雨に、涙を加えてくれるな、（悲しげに鳴く）山ほととぎすよ。

(2) *心なき　身にも*あはれは　*知られけり／*鴫《しぎ》立つ沢の　秋の夕暮れ　　西行《さいぎやう》

*心なき＝風情を理解しない。西行は出家して、喜怒哀楽の心を捨て去っていることによる。
*あはれ＝しみじみとした情趣。
*知られけり＝自然とわかるよ。
*鴫立つ沢＝しぎが飛び立っていく水辺。

訳 風情を理解しない（出家の）身にもしみじみとした情趣は自然とわかるよ。しぎが飛び立っていく水辺の秋の夕暮れ（を眺めていると）。

(3) *山深み　春とも知らぬ　*松の戸に　*たえだえかかる　*雪の玉水　　式子内親王《しょくしないしんのう》

*山深み＝山が深いので。「み」は「が…なので」の意。
*松の戸＝松の枝を集めて作った粗末な戸。
*たえだえかかる＝とぎれがちに落ちかかる。
*雪の玉水＝雪解けの玉のようなしずく。

訳 山が深いので、春になったともわからない松の戸（のある所）に、とぎれがちに落ちかかる雪解けの玉のようなしずくよ。

(4) *駒とめて　*袖《そで》うちはらふ　*かげもなし／佐野《さの》の*わたりの　雪の夕暮れ　　藤原定家《ふぢはらのていか》

*駒＝馬。　*袖うちはらふ＝袖についた雪を払う。
*かげ＝家や木の陰。物陰。
*わたり＝あたり。

訳 馬をとめて袖についた雪を払う物陰もない。佐野のあたりの（白一色の）雪の夕暮れよ。

(5) *志賀の浦や／*遠ざかり行く　波間より　こほりて出づる　*有明の月　　藤原家隆《ふぢはらのいへたか》

*志賀の浦や＝志賀の浦は琵琶湖《びわこ》の湖畔《こはん》。「や」は感動を表し、「…よ」と訳す。
*遠ざかり行く波間＝岸から凍るので、夜がふけるに従い、岸から遠のいて行く波のこと。
*有明の月＝夜明け方まで空に残っている月。

訳 志賀の浦よ。（湖面が凍るため次第に岸から）遠のいて行く波間から、凍ったようにさえて出てくる有明の月だなあ。

44 実戦模擬テスト (1)　■十《じっ》訓《きん》抄《しょう》

◇次の文章を読んで、あとの問いに答えなさい。

禽虫《きんちゅう》のたぐひ恩を知れるためし（鳥や虫などが恩を理解している例）是《これ》多し。漢の武帝昆明池《こんめいち》に①あそびたまふに、（昆明池にお出かけになった時に）一つの鯉《こひ》の鉤《こう》を含みて死なんとするあり。（釣針をくわえて死にそうにしているのがいた）②帝これを見て、人をしてときはなち給《たま》へり。（臣下に命じて（釣針を外して池に）お放しになった）其《そ》の夜帝の夢中（夢の中に）に鯉来《きた》りて悦《よろこ》びけり。（現れて感謝した）次の日池に幸《かう》し給ひけるに、（池にお出かけになった時に）昨日の鯉の明月珠《めいげつしゅ》（明月のような光を発する宝石をくわえて来て）を含みて、池の辺《へ》に置きて去りぬ。（池の岸に置いて去った）そののち彼《か》の池の釣魚《てうぎょ》（その池で魚を釣ることを）を③とどめられけり。

問一　――線部①の主語として適当なものを次から選び、記号で答えなさい。
ア　鳥や虫など　イ　漢の武帝　ウ　鯉　エ　臣下

問二　――線部②で帝が見た鯉はどのような様子だったか。「様子。」に続くように十字以上十五字以内の現代語で書きなさい。

問三　――線部③の意味として適当なものを次から選び、記号で答えなさい。
ア　悲しみなさった
イ　喜びなさった
ウ　禁じなさった
エ　認めなさった

〔岐阜〕

〈最近の主な高校の入試出題歴〉
- 宮城県
- 秋田県
- 山形県
- 福島県
- 群馬県
- 埼玉県
- 神奈川県立横須賀高
- 長野県
- 岐阜県
- 愛媛県
- 長崎県
- 愛光高
- 海城高
- 高田高
- 東大寺学園高
- 灘高
- 洛南高

訳 鳥や虫などが恩を理解している例は多い。漢の武帝が昆明池にお出かけになった時に、一匹の鯉が釣針をくわえて死にそうにしているのがいた。武帝がこれを見て、臣下に命じて（釣針を外して池に）お放しになった。その夜、武帝の夢の中に鯉が現れて感謝した。次の日に（帝が）池にお出かけになった時に、昨日の鯉が明月のような光を発する宝石をくわえて来て、池の岸に置いて去った。そののち、その池で魚を釣ることを③。

問一　イ

問二　釣針をくわえて死にそうな様子。

問三　ウ

45 実戦模擬テスト (2)　■十《じっ》訓《きん》抄《しょう》

◇次の文章を読んで、あとの問いに答えなさい。

ある国の王、隣国をうたむとす。老臣、①これをいさめ申していはく、「庭園の楡《にれ》の木の上に、蟬《せみ》、露を飲まむとす。うしろに蟷螂《たうらう》のとらへむとするを知らず。蟷螂、また蟬をのみまもりて、うしろに黄雀《くわうじゃく》のとらへむとするのを②知らず。黄雀、また蟷螂をのみまもりて、楡のもとに弓を引いて、［A］のとらへむとするを知らず。童子、また黄雀をのみまもりて、前に深き谷、うしろに掘り株のあることを知らずして、身をあやまてり。これみな、前の利をのみ思ひて、うしろの害を③かへりみざるゆゑなり。」と申せり。④王、この時、悟りを開きて、隣国を攻むといふこと、とどまりたまひぬ。

注　蟷螂＝かまきり。　まもりて＝見つめて。　黄雀＝すずめ。

問一　――線部③を現代仮名遣いに直し、すべて平仮名で書きなさい。

問二　――線部①で老臣はどのようなことに対していさめたのか。「……こと。」に続くように十字以上二十字以内の現代語で書きなさい。

問三　――線部②の主語として適当なものを次から選び、記号で答えなさい。
ア　王　イ　蟬　ウ　蟷螂　エ　黄雀

問四　［A］に当てはまる二字の言葉を、文中から抜き出して書きなさい。

問五　――線部④で、王は、この時、老臣の言葉を聞いて心を動かされ、考えを改めた。王は、老臣からどのようなことを聞いて心を動かされたのか。老臣の言葉の中心となる内容をまとめて、「……ということ。」に続くように二十五字以上三十五字以内の現代語で書きなさい。

〔愛媛〕

訳 ある国の王が、隣の国を攻めようとした。老臣が、これをいさめ申し上げて言うことには、「庭園の楡の木の上で、蟬が、露を飲もうとした。うしろでかまきりがつかまえようとするのを（蟬は）知らない。うしろですずめがつかまえようとするのを（かまきりは）知らない。すずめは、またかまきりをだけ見つめて、楡の根元で弓を引いて、［A］がつかまえようとするのを（すずめは）知らない。子どもは、またすずめをだけ見つめて、前方に深い谷、うしろに掘った株があることを知らないで、身を危険な状態にしている。これはすべて、目先の利益だけに心を奪われて、うしろの損害を気にかけないからである。」と申し上げた。王は、この時、（老臣の言葉に）納得して、隣の国を攻めることを、思いとどまりなさった。

問一　かえりみざるゆえなり

問二　国王が隣の国を攻めようと考えたこと。

問三　ウ

問四　童子

問五　目先の利益だけに心を奪われて、うしろの危険な状態に注意しないと、危険な状態になるということ。

46 実戦模擬テスト (3) ■ 宇治拾遺物語

◇次の文章を読んで、あとの問いに答えなさい。

これも今は昔、ある僧、人のもとへ行きけり。酒など勧めけるに、氷魚《ひお》は《氷魚が捕れ》じめて出《い》て来たりければ《始めた時期だったので》、①あるじ珍しく思ひて、もてなしけり。あるじ用事ありて、内《奥の部屋》へ入りて、また出でたりけるに、この氷魚の、殊《こと》の外《ほか》に少なくなりたりければ、あるじ、いかにと《どうしたことか》思へども、②いふべきやうもなかりければ《何とも言いようがなかったので》、③物語《雑談》しゐたりけるほどに、④この僧の鼻より、氷魚の一つ、ふと出でたりければ、あるじ、怪《あや》しう覚えて《不審に思って》、「その鼻より氷魚の出でたるは、いかなることにか」といひければ、取りもあへず《すかさず》、⑤「このごろの氷魚は、目鼻より降りさぶらふなるぞ《降ってくるそうですよ》」といひたりければ、人皆、はと《わっと》笑ひけり。

注 氷魚＝ひうお。鮎《あゆ》の稚魚。体長は二、三センチメートルで、色が白い。

〈最近の主な高校の入試出題歴〉
- 青森県
- 茨城県
- 埼玉県
- 神奈川県立柏陽高
- 神奈川県立横須賀高
- 島根県
- 市川高
- 國學院高
- 東大寺学園高

〈宇治拾遺物語〉

問一 ——線部①の意味として適当なものを次から選び、記号で答えなさい。
ア 僧はあるじとの面会を珍しく思い、氷魚を土産に持ってきた。
イ 僧は氷魚を珍しく思って、あるじに土産として持ってきた。
ウ あるじは僧の訪問を珍しく思い、氷魚を僧にごちそうした。
エ あるじは氷魚を珍しく思って、氷魚を僧にごちそうした。

問二 ——線部②からだれに対するどのような気持ちが読み取れるか。適当なものを次から選び、記号で答えなさい。
ア 僧に対する遠慮の気持ち。
イ 僧に対する怒りの気持ち。
ウ あるじに対する感謝の気持ち。
エ あるじに対する親しみの気持ち。

問三 ——線部③を現代仮名遣いに直しなさい。ただし、「物語」は漢字のままでよい。

問四 ——線部④は僧がどうしたことの結果か。二十字以内で答えなさい。

問五 ——線部⑤の説明として適当なものを次から選び、記号で答えなさい。
ア 僧が事実をあやふやにして、他人に罪をなすりつけようとしている。
イ 僧が見えすいた嘘《うそ》をついて、この場を取りつくろおうとしている。
ウ 僧がもっともな弁解をして、自分の正当性を主張しようとしている。
エ 僧が世間の噂《うわさ》を紹介して、その正しさを証明しようとしている。

〔島根〕

訳 これも今ではもう昔のことだが、ある僧が人のところへ行った。(その家の主人が)酒などを勧めたが、氷魚が捕れ始めた時期だったので、①。主人が用事があって、奥の部屋へ入って、また出て来て(みる)と、この氷魚が、意外にも少なくなっていたので、主人は、どうしたことかと思ったけれども、何とも言いようがなかったので、(僧と)雑談しているうちに、この僧の鼻から、氷魚が一匹、思いがけずに出てきたので、主人は、不審に思って、「(あなたの)その鼻から氷魚が出てきたのは、どうしたことですか」と言うと、(僧は)すかさず、「このごろの氷魚は、目鼻から降ってくるそうですよ」と言ったので、(それを聞いた)人はみな、わっと笑った。

問一 エ
問二 ア
問三 物語しいたりけるほどに
問四 あわてて大量の氷魚をほおばった結果。
問五 イ

47 実戦模擬テスト (4) ■ 古今著聞集《ここんちょもんじゅう》

◇次の文章を読んで、あとの問いに答えなさい。

平等院の僧正、諸国修行の時、摂津の国住吉のわたりにいたり給ひて、斎《とき》料《れう》のつきにければ、神主国基が家におはして、経をよみて立ち給ひたりけり。その声微妙《みめう》にして、①聞く人たふとみあへりけり。国基、御斎料奉るとて、「いづかたへすぎさせ給ふ修行者ぞ。御経たふとく侍《はべ》り。今夜ばかりはここにとどまり給へかし。御経の聴聞《ちやうもん》ⓐつかまつらん」といはせたりければ、とかくの返事をばⓑのたまはず、うたをよみ給ひける、

世をすてて宿もさだめぬ身にしあればすみよしとてもとまるべきかはかくいひて通り給ひぬ。

その後、天王寺の別当になりて、かの寺におはしましける時、国基参りて、天王寺と住吉との境《さかひ》のあひだの事申し入れけるに、「しばし候《さぶら》へ」とて、②あやしく御前へめされければ、③かしこまりつつ参りたりけるに、僧正、明障子《あかりしやうじ》ひきあけさせ給ひて、「あのすみよしとてもとまるべきかはは、いかに」と仰《おほ》せられたりけるに、国基あきれまどひて、申すべき事も申さで、取り袴《ばかま》してにげにけり。④いと興あることなり。

注 斎料《さうりよ》＝僧侶の食事のための費用。 微妙＝非常にすばらしいさま・たとえようもないほど美しいさま。 天王寺と住吉との境のあひだの事＝天王寺と住吉大社の間での、領地の境界に関するもめごと。 明障子＝現在の障子と同じもの。 取り袴して＝袴のすそを踏まないように、腰の辺りの布を持ち上げて。

〈最近の主な高校の入試出題歴〉
- 埼玉県
- 東京学芸大附高
- 神奈川県立小田原高
- 長野県
- 岐阜県
- 鳥取県
- 熊本県
- 大分県
- 海城高
- 洛南高

〈古今著聞集〉

訳 平等院の僧正が、諸国を修行している時に、摂津の国の住吉の辺りに到着しなさって、斎料が尽きてしまったので、(住吉大社の)神主の国基の家にいらっしゃって、(布施を受けるために)読経して立ちなさっていた。その声が非常にすばらしくて、聞いている人はありがたがった。国基は御斎料を差し上げようとして、「どちらへ行きなさる修行の方ですか。御経はありがたいものです。今夜はここにお泊りなさいませ。御経を聴かせていただきましょう」と(家の者に)言わせたところ、(僧正は)何も返事をおっしゃられずに、和歌

問一 ——線部ⓐⓑについて、
(1) ——線部ⓐは「する」という意味の動詞の謙譲語である。この語を現代語で表しなさい。
(2) ——線部ⓑと同じ意味の尊敬語を文中から抜き出し、言い切りの形で答えなさい。

問二 ——線部①を漢字仮名まじりの文に書き直しなさい。

問三 ——線部②と③の意味として適当なものを次から選び、記号で答えなさい。
② ア 疑わしく イ 不吉にも ウ もったいなく エ みすぼらしく オ 思いがけなく
③ ア 謝罪しながら イ 恐縮しながら ウ 不平を言っては エ 涙にくれながら オ 物思いにふけっては

問四 文中の和歌には、「掛詞」という、同音異義を用いて別の意味を表す技巧が使われている。
(1)どの語に、(2)どのような意味とどのような意味とが掛けられているか、簡潔に説明しなさい。

問五 ——線部④ではどういう点が「興ある(面白い)」のか。次の文の□に入れるのに適当なことばを、文中から抜き出して答えなさい。

[1]に、[2]の神主国基が、もめごとの話し合いに行くと、その別当が、昔彼に[3]の施しを願いに来た[4]であったことを、[5]というその時詠《よ》んだ和歌の言葉によって知り、国基が何も言えずに大あわてで逃げて行った点。

問六 この出典は「古今著聞集」という中世(鎌倉〜室町)の説話である。次の作品から中世の作品でないものを一つ選び、記号で答えなさい。
ア 宇治拾遺物語 イ 徒然草 ウ 今昔物語集
エ 方丈記 オ 平家物語

〔洛南高〕

を詠《よ》みなさった、

世を捨てて住む場所も定めない(出家の)身であるので、この住吉の地が住み良いからといって、泊まってよいであろうか、いや、泊まるべきではない。

このように言って通り過ぎなさった。

その後、(僧正が)天王寺の別当になって、例の寺にいらっしゃった時に、国基が参上して、天王寺と住吉大社の間での領地に関するもめごとのことを申し入れたところ、「しばらくお待ち下さい」と言って、②(別当の)御前へお招きになられたので、③参上したところ、僧正は、明障子をお開けになって、「あの『すみよしとてもとまるべきかは』(の歌)は、どうでしたか」とおっしゃられたので、国基は(僧正が昔の修行僧だったということに)あきれあわてて、申し上げる事も申し上げないで、取り袴して逃げてしまった。たいそうおもしろいことである。

問一 ⓐ いたす ⓑ 仰す
問二 尊み合へりけり
問三 ② オ ③ イ
問四 (1) すみよし (2) 地名の「住吉」と「住むのに良い」という「住み良し」
問五 1 天王寺 2 住吉 3 斎料 4 修行者 5 すみよしとてもとまるべきかは
問六 ウ

48 実戦模擬テスト (5) ■ 枕草子

◇次の文章を読んで、あとの問いに答えなさい。

村上の先帝の御時に《以前の天皇の村上天皇の頃》、雪の①いみじう降りたりけるを《降ったのを》、様器に盛らせ給ひて《おのせになって》、梅の花をさして、月のいと明かきに、「②これに歌よめ。いかが言ふべき。《どのように詠んだらよいだろうか》」と兵衛の蔵人に賜はせたりければ《おあたえになって》、「雪月花の時。」と奏したりけるを《申し上げたのを》こそ、いみじう、③めでさせ給ひけれ。「歌などよむは世の常なり。《歌などを詠むのは世間では普通のことである》④かくをりにあひたることなむ言ひがたき《言えないものだ》。」とぞ仰せられける。

同じ人を御供にて、殿上に人さぶらはざりけるほど《殿上の間でだれもお側にいない時に》、たたずませ給ひける《たたずんでいらっしゃると》に炭櫃にけぶりの立ちければ《煙が立ち上がったので》、「かれはなにぞと見よ。《あれは何か》」と[a]仰せられければ、[b]見て帰り[c]参りて、

わたつ海の沖にこがるるもの見れば《（炭櫃のおきに焦げているのを見ますと）海の沖に漕がれているものを見ますと》あまの釣してかへるなりけり《それは漁師が釣りをして帰るのでした》

と奏しけるこそ⑤をかしけれ。（ A ）の飛び入りて[d]焼くるなりけり。

注 **様器**＝食器・食器を載せる台。 **兵衛の蔵人**＝女房の名。 **「雪月花の時。」**＝『白氏文集』に「雪月花の時、最も君を憶ふ。」(白楽天)とあるのによる。 **炭櫃**＝(四角い)火鉢。

〈最近の主な高校の入試出題歴〉
- 都立立川高
- 富山県
- 長野県
- 愛知県
- 鳥取県
- 沖縄県
- 国立工業・商船・電波高専
- 高田高
- 東海大付相模高
- 堀越高

〈枕草子〉

訳 以前の天皇の村上天皇の頃《ころ》、雪が①降ったのを、様器に(天皇が)おのせになって、梅の花をさして、月がたいそう明るい時に、「これに歌を詠め。どのように詠んだらよいだろうか。」と兵衛の蔵人にお与えになって、(兵衛の蔵人は)「雪月花の時。」と申し上げたのを、(天皇が聞いて)①、③。「歌などを詠むのは世間では普通のことである。④は言えないものだ。」とおっしゃった。

(天皇が)同じ人〔兵衛の蔵人〕をお供に連れて、殿上の間でだれもお側にいない時に、たたずんでいらっしゃると、炭櫃に煙が立ち上がったので、「あれは何か見てこい。」とおっしゃったので、(兵衛の蔵人が)見て帰って(天皇のもとへ)参上して、

海の沖に漕がれているものを見ますと、それは漁師が釣りをして帰るのでした。(炭櫃のおき〔赤くおこった炭火のこと〕に焦げているのを見ますと、それは問七でした。)

と(天皇に)申し上げたのは趣深い。Aが飛び込んで焼けたのであった。

問一 ──線部①の意味として適当なものを次から選び、記号で答えなさい。
ア 少しずつ　イ 趣深く　ウ 美しく　エ たいそう

問二 ──線部②は何を指すか。適当なものを次から選び、記号で答えなさい。
ア 村上の先帝　イ 兵衛の蔵人
ウ 盛られた雪と梅　エ 煙の立つ炭櫃

問三 ──線部③の現代語訳として適当なものを次から選び、記号で答えなさい。
ア めでたいと言った　イ おほめになった
ウ 珍しいと言った　エ お叱りになった

問四 ──線部④は兵衛の蔵人の和歌についての評価である。内容として適当なものを次から選び、記号で答えなさい。
ア このように偶然に出来るもの
イ このように流行をとらえたもの
ウ このように当たり前の内容であるもの
エ このように状況や時にかなったもの

問五 ──線部a～dのうち、「村上の先帝」を主語とするものの記号を答えなさい。

問六 ──線部⑤のように感じているのはだれか。適当なものを次から選び、記号で答えなさい。
ア 作者　イ あま　ウ 御供　エ 村上の先帝

問七 「わたつ海の～かへるなりけり」の和歌には掛詞(「漕《こ》がるる」と「焦《こ》がるる」のように二つの意味を詠みこむ表現法)が用いられている。このことから(A)に入るべき適当な言葉を次から選び、記号で答えなさい。
ア あま　イ 鮭　ウ 綿　エ 炭

問八 「枕草子」と同じジャンルの作品を次から選び、記号で答えなさい。
ア 徒然草　イ 奥の細道　ウ 万葉集　エ 竹取物語
〔東海大付相模高〕

問一 エ
問二 ウ
問三 イ
問四 エ
問五 a
問六 ア
問七 イ
問八 ア

49 実戦模擬テスト (6) ■ 徒然草

◇次の文章を読んで、あとの問いに答えなさい。

①筑紫に、なにがしの押領使《おうりょうし》などいふやうなるものありけるが、②土おほねをよろづにいみじき薬とて、朝ごとに A つづつ焼きて食ひけること、③年久しくなりぬ。

ある時、館《たち》の内に人もなかりける隙《ひま》を測りて、敵《かたき》襲ひ来たりて囲み攻めけるに、館の内に④つはもの二人出で来て、命を惜しまず戦ひて、皆追ひ返してけり。いと不思議に覚えて、日ごろここにものしたまふ(いらっしゃる)とも見ぬ人々⑤の、かく戦ひしたまふは、いかなる人ぞと問ひければ、年ごろ頼みて、⑥朝な朝な⑦召しつる土おほねらに⑧さぶらふと言ひて、失せにけり。

深く B を致しぬれば、かかる C もありけるにこそ。

問一 ──線部①について、次の問いに答えなさい。
(1) 読み方をひらがなで答えなさい。
(2) 現在のどの地方に当たるか。漢字二字で答えなさい。

問二 ──線部②の「おほね」とは何のことか。漢字で答えなさい。

問三 A に入る漢数字を答えなさい。

問四 ──線部③を現代語に訳しなさい。

〈最近の主な高校の入試出題歴〉
- 北海道
- 秋田県
- 福島県
- 群馬県
- 東京都
- 都立日比谷高
- 都立青山高
- 都立西高
- 石川県
- 山梨県
- 愛知県
- 京都府
- 奈良県
- 和歌山県
- 鳥取県
- 島根県
- 岡山県立岡山朝日高
- 徳島県
- 大分県
- 慶應義塾女子高
- 拓殖大第一高
- 多摩大目黒高
- 堀越高
- 早実高等部

〈徒然草〉

訳 筑紫に、なにがしという押領使〔諸国の暴徒や盗賊《とうぞく》を取り締まる役人〕というような役人がいたが、②を何にでもきくすばらしい薬だといって、毎朝Aつずつ焼いて食べることが、③。

ある時、屋敷の中にだれもいないすきをねらって、敵が襲ってきて(周囲を)囲んで攻めてきたところ、屋敷の中に④が二人出てきて、命を惜しむことなく戦って、(敵を)すべて追い返した。(押領使は)たいそう不思議に思って、ふだんはここにいらっしゃるとも思えない人々⑤、このように戦いなさったのは、どういう方ですかと尋ねると、長年(あなたが)信頼して、⑥召し上がっていた②にございますと言って、いなくなってしまった。

深くBを致しているので、このようなCもあったのであろう。

問五 第一段落に、仮名遣いを誤った単語が二つある。その単語を抜き出し、正しい仮名遣いに直して答えなさい。

問六 ──線部⑤の「の」は、現代語ではどういう助詞に置き換えられるか。ひらがなで答えなさい。

問七 ──線部④と⑥の意味を、いずれも漢字二字で答えなさい。

問八 ──線部⑦は現代語の「召し上がる」に、⑧は「ございます」に当たる。それぞれの敬語の種類を、「語」につながるように、いずれも漢字二字で答えなさい。

問九 押領使の言った言葉を抜き出し、始めと終わりのそれぞれ三字を答えなさい。

問十 B、C に入る言葉として適当なものを次から選び、記号で答えなさい。
ア 善　イ 孝　ウ 徳　エ 欲　オ 楽
カ 罪　キ 信　ク 仁　ケ 愛　コ 悪

問十一 「徒然草」について、次の問いに答えなさい。
(1) 「徒然草」が書かれた時代を次から選び、記号で答えなさい。
ア 奈良時代　イ 平安時代　ウ 鎌倉時代
エ 室町時代　オ 江戸時代
(2) 「徒然草」は、文学史上で、どのジャンルに分類されるか。次から選び、記号で答えなさい。
ア 伝奇物語　イ 歌物語　ウ 日記文学　エ 歴史物語
オ 説話集　カ 軍記物語　キ 随筆文学　ク 紀行文学
〔早稲田実業高等部〕

問一 (1) つくし　(2) 九州
問二 大根
問三 二
問四 長年続いた
問五 いう→いふ　よろず→よろづ
問六 が
問七 ④ 兵士　⑥ 毎朝
問八 ⑦ 尊敬(語)　⑧ 丁寧(語)
問九 日ごろ～る人ぞ
問十 B キ　C ウ
問十一 (1) ウ　(2) キ